Quick Guide

Reihe herausgegeben von
Springer Fachmedien Wiesbaden,
Wiesbaden, Deutschland

Quick Guides liefern schnell erschließbares, kompaktes und umsetzungsorientiertes Wissen. Leser erhalten mit den Quick Guides verlässliche Fachinformationen, um mitreden, fundiert entscheiden und direkt handeln zu können.

Alexander Schwarz-Musch
Alexander Tauchhammer
Bernhard Guetz

Quick Guide Digital Marketing Roadmap

Analyse, Konzeptentwicklung und Erfolgsmessung Ihres Digitalen Marketings

Alexander Schwarz-Musch
Fachhochschule Kärnten Villach
Villach, Österreich

Alexander Tauchhammer
Fachhochschule Kärnten Villach
Villach, Österreich

Bernhard Guetz
Fachhochschule Kärnten Villach
Villach, Österreich

ISSN 2662-9240 ISSN 2662-9259 (electronic)
Quick Guide
ISBN 978-3-658-37289-7 ISBN 978-3-658-37290-3 (eBook)
https://doi.org/10.1007/978-3-658-37290-3

Die Deutsche Nationalbibliothek verzeichnet diese Publikation in der Deutschen Nationalbibliografie; detaillierte bibliografische Daten sind im Internet über http://dnb.d-nb.de abrufbar.

Springer Gabler
© Der/die Herausgeber bzw. der/die Autor(en), exklusiv lizenziert an Springer Fachmedien Wiesbaden GmbH, ein Teil von Springer Nature 2022
Das Werk einschließlich aller seiner Teile ist urheberrechtlich geschützt. Jede Verwertung, die nicht ausdrücklich vom Urheberrechtsgesetz zugelassen ist, bedarf der vorherigen Zustimmung des Verlags. Das gilt insbesondere für Vervielfältigungen, Bearbeitungen, Übersetzungen, Mikroverfilmungen und die Einspeicherung und Verarbeitung in elektronischen Systemen.
Die Wiedergabe von allgemein beschreibenden Bezeichnungen, Marken, Unternehmensnamen etc. in diesem Werk bedeutet nicht, dass diese frei durch jedermann benutzt werden dürfen. Die Berechtigung zur Benutzung unterliegt, auch ohne gesonderten Hinweis hierzu, den Regeln des Markenrechts. Die Rechte des jeweiligen Zeicheninhabers sind zu beachten.
Der Verlag, die Autoren und die Herausgeber gehen davon aus, dass die Angaben und Informationen in diesem Werk zum Zeitpunkt der Veröffentlichung vollständig und korrekt sind. Weder der Verlag, noch die Autoren oder die Herausgeber übernehmen, ausdrücklich oder implizit, Gewähr für den Inhalt des Werkes, etwaige Fehler oder Äußerungen. Der Verlag bleibt im Hinblick auf geografische Zuordnungen und Gebietsbezeichnungen in veröffentlichten Karten und Institutionsadressen neutral.

Lektorat/Planung: Imke Sander
Springer Gabler ist ein Imprint der eingetragenen Gesellschaft Springer Fachmedien Wiesbaden GmbH und ist ein Teil von Springer Nature.
Die Anschrift der Gesellschaft ist: Abraham-Lincoln-Str. 46, 65189 Wiesbaden, Germany

Vorwort

Sehr geehrte Leserinnen und Leser,

kaum eine Disziplin wurde in den letzten Jahren so stark durch die Digitalisierung beeinflusst, wie das Marketing. Der Grund dafür liegt auf der Hand: neue Technologien haben das Verhalten der Kunden verändert. Medienkonsum, Kommunikationsverhalten, Informationssuche und Kaufverhalten haben sich zunehmend in den digitalen Bereich verlagert – und das Marketing muss darauf reagieren.

Das Marketing ist dadurch von zwei Seiten aus unter Druck gesetzt: einerseits steigen die Erwartungen und Anforderungen, die neuen Möglichkeiten der Digitalisierung für Kommunikation, Vertrieb und Kundenbindung zu nutzen. Andererseits sinkt aber auch die Halbwertszeit des Wissens, vermutlich überblickt niemand mehr die Anzahl an Kommunikations-, Planungs- und Analysetools, die zur Verfügung stehen.

Welche Touchpoints sollen nun wie bespielt und wie kann deren Erfolg gemessen werden? Und überhaupt: Wie tragen die einzelnen Maßnahmen letztendlich zum Verkaufserfolg bei? Jeder und jede Marketingverantwortliche kennt diese Fragen, wenn es darum geht, Marketingbudgets zu planen und gegenüber Vorgesetzten auch zu begründen. Erschwert wird die Antwort durch den Umstand, dass Kunden nicht nur digital erreicht werden. Auch physische Touchpoints – wie z. B. Werbung in klassischen Kanälen – spielen nach wie vor eine große Rolle.

Vor diesem Hintergrund stellen wir Ihnen mit der Digital Marketing Roadmap (DMR) einen Ansatz vor, der sich in der Praxis bewährt hat. Die DMR baut auf der Customer Journey ihrer Buyer Personas auf. Sie zeigt Ihnen, wie Sie über die Definition von Teilzielen, Key Results und KPIs klare Vorgaben für Ihre digitalen Marketingaktivitäten entwickeln und Optimierungsmaßnahmen setzen können.

Mit diesem Buch möchten wir Marketingverantwortliche in Unternehmen dabei unterstützen, mehr Klarheit bei der Planung, Umsetzung und Erfolgsmessung im Digitalen Marketing zu gewinnen.

Gendererklärung

Aus Gründen der besseren Lesbarkeit wird auf die gleichzeitige Verwendung der Sprachformen männlich, weiblich und divers (m/w/d) verzichtet. Sämtliche Personenbezeichnungen gelten gleichermaßen für alle Geschlechter. Die verkürzte Sprachform hat ausschließlich redaktionelle Gründe und beinhaltet keinerlei Wertung.

Villach, Österreich
Mai 2022

Alexander Schwarz-Musch
Alexander Tauchhammer
Bernhard Guetz

Inhaltsverzeichnis

1 Re!think Marketing 1
 1.1 Neue Möglichkeiten erfordern ein Neues Denken 2
 1.2 Digital Marketing Roadmap – „Navigation starten" 4
  1.2.1 Elemente der Digital Marketing Roadmap 4
  1.2.2 Prozess zur Erstellung der Digital Marketing Roadmap 7
 Literatur 16

2 Step 1: Analyse und Ziele 19
 2.1 Entwicklung der Buyer Personas 19
  2.1.1 Anzahl der Buyer Personas 20
  2.1.2 Informationen zu den Buyer Personas 23
   2.1.2.1 Sozio-demografische Daten 23
   2.1.2.2 Werte und Einstellungen 24
   2.1.2.3 Auslöser und Kaufmotive 25
   2.1.2.4 Anforderungen und Nutzungsprofil 27
   2.1.2.5 Hindernisse und Rolle im Kaufprozess 28
   2.1.2.6 Relevante Touchpoints 30
 2.2 Entwicklung der Customer Journey 31

2.3	Informationsquellen zur Erstellung von Buyer Personas und Customer Journey	34
2.4	Definition des Sales Funnels	34
2.5	Definition der Teilziele für jede Phase der Customer Journey	39
Literatur		41

3 Step 2: Konzeptentwicklung — 43

- 3.1 Auswahl der Touchpoints — 44
- 3.2 Definition von Maßnahmen und Content — 55
  - 3.2.1 Kommunikation an den relevanten Touchpoints — 55
  - 3.2.2 Content Marketing als Wegbegleiter durch die Customer Journey — 57
  - 3.2.3 Ganzheitliche Kommunikation entlang der Customer Journey — 64
- Literatur — 68

4 Step 3: Erfolgsmessung und Optimierung — 71

- 4.1 Warum Erfolgsmessung? — 71
- 4.2 Wie kann „der Erfolg" gemessen werden? — 73
- 4.3 Gängige KPIs pro Touchpoint, Messinstrumente und mögliche Optimierungsansätze — 74
  - 4.3.1 Webseite — 76
  - 4.3.2 Onlineshop — 78
  - 4.3.3 Social Media — 79
  - 4.3.4 Werbekampagnen (Display, SEA, Facebook…) — 80
  - 4.3.5 Apps — 82
  - 4.3.6 Newsletter — 83
- 4.4 Ganzheitliche Ansätze zur Erfolgsoptimierung — 86
  - 4.4.1 Ansatz über Ober-/Unterziele und Kausalketten (Unternehmenssicht) — 87
  - 4.4.2 DMR-Ansatz – Berücksichtigung der Customer Journeys — 90

		4.4.3	Erweiterung des DMR-Ansatzes im Rahmen des ökonometrischen Modellings	97
	Literatur			99

5 Best Case: Dr. Oetker Österreich 101
- 5.1 Einleitung 101
- 5.2 Analyse und Ziele 102
  - 5.2.1 Definition Personas 102
  - 5.2.2 Analyse der Customer Journeys – die „Baker Journey" 105
  - 5.2.3 Definition der Ziele 106
- 5.3 Konzeptentwicklung 110
  - 5.3.1 Definition Kommunikationsmaßnahmen und Content 110
  - 5.3.2 Planung der Touchpoints 111
- 5.4 Erfolgsmessung und Optimierung 113
- 5.5 Einsatz des ökonometrischen Modellings 117
- Literatur 120

Über die Autoren

FH-Prof. Dr. Alexander Schwarz-Musch ist Professor für Marketing und Marktforschung sowie Studiengangleiter des Masterstudienganges Business Development & Management an der Fachhochschule Kärnten. Neben seiner akademischen Laufbahn verfügt er über langjährige Erfahrung im Bereich der Unternehmensberatung mit Schwerpunkt Marketing und Marktforschung. Zu seinen Arbeits- und Forschungsschwerpunkten zählen die Bereiche Business Development, Strategisches Marketing und Customer Experience Management sowie Kunden- und Patientenzufriedenheit. Er ist Mitbegründer des Competence Circle Marketing, einer Plattform für marketingbegeisterte Führungskräfte und Mitarbeiter. Mit dem Competence Circle Marketing werden neueste Erkenntnisse aus Wissenschaft und Praxis gleichermaßen vorgestellt, weiterentwickelt und umgesetzt.

Mag. Alexander Tauchhammer ist ein Digitaler Dinosaurier, der seit über 25 Jahren im Digitalmarketingbereich tätig ist. Bei Dr. Oetker (seit 2005) hat er das digitale Marketing weltweit aufgebaut und jahrelang geleitet, war DTO in den digitalen Transformationsprojekten und ist jetzt im Führungsteam bei Dr. Oetker Österreich. Seit 2020 hat er die Stiftungsprofessur für „Digital Transformation Management" an der Fachhochschule Kärnten inne, wo er sein Wissen und seine Erfahrung an die Studierenden der Hochschule weitergibt. Zuvor war Alexander Tauchhammer bei innovativen und digitalen Startup-Unternehmen auf Agentur und Kundenseite tätig, wo zahlreiche seiner Projekte bei führenden Awards der Digitalwirtschaft ausgezeichnet wurden.

Bernhard Guetz, BA MSc ist Lecturer/Senior Researcher im Bereich Marketing & Business Development an der Fachhochschule Kärnten. Seine Forschungsinteressen umfassen Customer Experience Management, Kunden- und Patientenzufriedenheit, Social Media und Bewertungsportale (insbesondere Arztbewertungsportale) sowie Business Development und dessen aktuelle Wahrnehmung in Forschung und Praxis. Er verfügt über langjährige Praxiserfahrung in den Bereichen strategisches und operatives Marketing, insbesondere in den Gebieten Content Marketing, Promotion sowie Reputations- und Kundenzufriedenheitsmanagement. Er ist Board Member des Competence Circle Marketing und unterstützt Führungskräfte und Mitarbeiter aus dem Marketingumfeld dabei, sich untereinander auszutauschen, voneinander zu lernen, von Erfahrungen anderer zu profitieren und Input zu innovativen Marketingthemen zu erhalten.

1

Re!think Marketing

> **Was Sie aus diesem Kapitel mitnehmen**
>
> - Warum die Digitalisierung ein Umdenken im Marketing erforderlich macht
> - Wie Sie eine Digitale Marketing Roadmap aufbauen können
> - Wie Ihnen die Digitale Marketing Roadmap dabei hilft, ihre Marketingmaßnahmen laufend zu messen und zu optimieren.

Die Digitalisierung bringt nahezu täglich neue Möglichkeiten und Tools, um mit Kunden in Kontakt zu treten. Für Marketingverantwortliche ist diese Entwicklung „Segen und Fluch" zugleich. Nie zuvor gab es mehr Möglichkeiten, Kunden zu kontaktieren. Demgegenüber steigen aber auch die Anforderungen an das Marketing, den eigenen Beitrag zum Verkaufserfolg zu belegen. In diesem Umfeld hilft die Optimierung einzelner Maßnahmen nicht weiter. Es braucht vielmehr ein „Navigationsgerät" um sicherzustellen, dass die einzelnen Maßnahmen auch auf die Erreichung der Marketingziele „einzahlen". Mit der Digital Marketing

Roadmap wird ein Konzept vorgestellt, wie Sie in drei Schritten das Marketing ihres Unternehmens im digitalen Umfeld planen, umsetzen und messen.

1.1 Neue Möglichkeiten erfordern ein Neues Denken

Marketing ist eine jener Disziplinen, die durch die Digitalisierung besonders stark beeinflusst wird. Marketingverantwortliche befinden sich in einem Spannungsfeld zwischen neuen technischen Möglichkeiten auf der einen, und einem sich ändernden Kundenverhalten auf der anderen Seite. Wie schnell und dynamisch diese Entwicklungen sind, kann an zwei Beispielen gesehen werden.

Kunden recherchieren häufig vor dem Kauf eines Produktes im Internet, selbst wenn sie es dann in einem Geschäft kaufen. Der dominante Zugang zu dieser Recherche erfolgt – fast möchte man „natürlich" sagen – über Suchmaschinen wie Google. Nicht umsonst gaben im April 2021 rund 98 % der weltweiten Internetnutzer an, im Vormonat eine Suchmaschine genutzt zu haben. Fast die Hälfte (46,7 %) benutzte aber auch Sprachsuche (Voice Search/Voice Command) oder Soziale Netzwerke (44,7 %) zur Suche und immerhin 33 % verwendeten zur Suche eine Image Recognition App (wie z. B. Pinterest Lens) auf ihrem mobilen Endgerät (Hootsuite & We are Social, 2021).

Auch bei den Sozialen Netzwerken gibt es mit Facebook und der – ebenfalls zu Facebook gehörenden – Plattform Instagram zwei „Big Player", die im 1. Quartal 2021 gemeinsam über 4 Milliarden aktive Nutzer hatten. Interessant ist dabei der Vergleich zwischen der 2010 gegründeten Plattform Instagram und der erst seit 2017 außerhalb Chinas verfügbaren Plattform TikTok: während Instagram im 1. Quartal 2021 rund 1287 Millionen Nutzer aufweist, schaffte es – das deutlich kürzer am Markt befindliche – chinesische Unternehmen auf immerhin 732 Millionen Nutzer (Hootsuite & We are Social, 2021).

Welche Konsequenzen haben solche Veränderungen auf die Planung von Marketingaktivitäten? Es ist wenig überraschend, dass Unternehmen zunehmend Budgets in den digitalen Bereich verlagern. So zeigt der Ad

Spend Forecast der Agenturgruppe Dentsu, dass 2022 geschätzte 55,5 % der globalen Werbeausgaben auf den digitalen Bereich entfallen werden; die Ausgaben im digitalen Bereich übersteigen damit den Anteil von Fernsehwerbung um mehr als das doppelte (Dentsu, 2022). Doch für welche Kanäle sollen sich Unternehmen schlussendlich entscheiden? Und wie soll mit weiteren Themen wie Marketing-Automation, Marketing-Analytics, Omnichannel-Marketing oder dem geforderten 360°-Blick auf den Kunden umgegangen werden?

Hier zeigt sich, dass eine neue Agilität im Marketing erforderlich ist, von der viele Unternehmen heute noch weit entfernt sind. Ganz im Gegenteil: „Jetzt nur keinen Fehler machen!" scheint der unbewusste Leitsatz zu sein, wenn es um Marketing und Kommunikation geht. Warum ist klar: Marketingbudgets müssen intern gerechtfertigt und der Erfolgsbeitrag zu den Verkaufszahlen nachgewiesen werden. Eine starre Unternehmenskultur, Perfektionsansprüche, Rechtfertigungsdruck und Unsicherheit, wie mit den digitalen Möglichkeiten umgegangen werden soll, engen den Spielraum zum Ausprobieren von Neuem ein. Wohl nur wenige Unternehmen würden es wagen, eine Kampagne wie die der Berliner Verkehrsbetriebe zu starten. Wer mit dem Slogan „Weil wir dich lieben" noch nichts anfangen kann, dem sei der Spot „Alles Absicht" wärmstens ans Herz gelegt (Berliner Verkehrsbetriebe, 2016).

Damit ist die Zwickmühle, in der sich das Marketing befindet, gesetzt: Das Marketing muss auf die beschriebenen Änderungen reagieren und Neues ausprobieren. Das birgt aber naturgemäß auch die Gefahr des Scheiterns. Setzt man hingegen auf Sicherheit und bleibt bei den gewohnten Rezepten läuft man Gefahr, irrelevant zu werden. Eine klassische „Loose-Loose-Situation" – jeder „Spielzug" des Marketings führt dazu, an einer Front zu verlieren. Welcher Weg führt aus dieser Zwickmühle heraus?

- Zuerst gilt es zu verstehen, dass dieses Spiel nicht gewonnen werden kann, solange man die Spielregeln nicht ändert – **Spielregeln**, die durch den Stellenwert des Marketings und die Unternehmenskultur bestimmt werden. Marketing benötigt Freiräume – Freiräume, um neue Wege zu gehen und auch unkonventionell etwas Neues ausprobieren zu können. Dafür braucht es eine neue Kultur des

"Scheiterns", bei der auch Fehlschläge erlaubt sind. Es braucht dazu nicht unbedingt zusätzliche finanzielle Mittel, sondern vielmehr die Rückendeckung durch mutige Geschäftsführer und Unternehmer.

- Damit ist eine wichtige Voraussetzung für eine **agilere Organisation des Marketings** geschaffen, die es Marketingteams ermöglicht, schneller und flexibler auf aktuelle Entwicklungen zu reagieren. Aktionen wie OREOs mittlerweile als Klassiker des Real-Time-Marketings bekannte „You can still dunk in the dark" (OREO Cookie, 2013) wären anders nicht möglich.
- Diese Agilität betrifft naturgemäß den operativen Teil des Marketings. Den Rahmen dafür bilden **wirkungsvolle Marketingstrategien**, die die gesamte Customer Journey – die Reise des Kunden – im Auge haben, dabei Customer Insights über alle Kanäle generieren und echten Mehrwert für den Kunden entwickeln.
- Hierzu müssen Marketingabteilungen im Sinne einer **lernenden Organisation** kontinuierlich Know-how aufbauen. Damit ergibt sich eine neue Aufgabe für die Marketingleitung – neben der eigenen Weiterbildung muss der Auf- und Ausbau von Kompetenzen der eigenen Mitarbeiterinnen und Mitarbeiter geplant und unterstützt werden.

Diese Forderungen lassen sich unserer Ansicht nach in zwei Themenbereiche zusammenfassen, die für wirkungsvolles Marketing unerlässlich sind: eine *Unternehmenskultur und ein Mindset*, die Ausprobieren, Lernen und Entwicklung ermöglichen. Damit das aber nicht in einem zufallsgesteuerten „Trial & Error"-Prozess mündet, braucht es einen Ansatz, der *Klarheit in die Planung, Umsetzung und Messung* des Digitalen Marketings bringt. Einen solchen stellen wir mit der Digital Marketing Roadmap vor.

1.2 Digital Marketing Roadmap – „Navigation starten"

1.2.1 Elemente der Digital Marketing Roadmap

In der Praxis lassen sich „klassisches" Marketing und digitales Marketing nicht trennen. Selbst Unternehmen wie Zalando – als Online-

Versandhändler für Bekleidung, Schuhe und Kosmetik ein Vorreiter im digitalen Marketing (Horizont, 2020) – nutzen klassische und digitale Kanäle. Bei der Kampagne zur Vorstellung des neuen Zalando-Markenclaims „free to be" im Herbst 2019 war ein TV-Spot das zentrale Element der Kampagne und wurde – ganz im Sinne einer 360°-Kampagne – durch Print, Out-of-Home, Social-Media-Kanäle (TikTok, Twitch, YouTube, Instagram) und eigene Zalando-Kanäle ergänzt (Zalando, 2019). Auch die Frühjahrskampagne 2021 „#Here to stay. Zalando" wurde als 360°-Kampagne über klassische und digitale Kanäle ausgespielt (Internetworld, 2021).

Entscheidungen des „klassischen" Marketings – z. B. Zielgruppen, Positionierung, Markenclaims – bilden damit auch die Basis für Entscheidungen im Digitalen Marketing. Eine Digital Marketing Roadmap beinhaltet darauf aufbauend folgende Elemente:

1. Ausgangspunkt der Roadmap sind **Buyer Personas**, die für jede Zielgruppe des Unternehmens zu entwickeln sind. Auch im B2B-Kontext benötigen Sie unter Umständen mehrere Buyer Personas, je nachdem wie das Buying Center ihrer typischen Kunden zusammengesetzt ist.[1]
2. Für diese Buyer Personas ist die jeweilige **Customer Journey** zu ermitteln. Mit einer Customer Journey wird der Informationssuch- und Kaufprozess der Buyer Persona abgebildet, der je nach Branche sehr unterschiedlich aussehen kann. Sie beinhaltet auch die physischen und digitalen Touchpoints, über die der Kunde mit dem Unternehmen und seinen Angeboten in Kontakt kommt (Lemon & Verhoef, 2016). Bedenken Sie dabei, dass sich Customer Journeys nicht nur zwischen Branchen unterscheiden werden, sie können auch innerhalb einer Branche je nach Buyer Persona anders aussehen. Ein wichtiger

---

[1] In Unternehmen oder bei institutionelle Abnehmern (z. B. Einrichtungen der öffentlichen Hand) werden Kaufentscheidungen häufig nicht von einer Person alleine getroffen. Sind mehrere Personen daran beteiligt, werden diese gedanklich in einem „Buying Center" zusammengefasst. Typische Funktionen in einem solchen Buying Center sind jene des Einkäufers (Buyer), Entscheiders (Decider), Beeinflussers (Influencer), Nutzer/Anwenders (User) oder Informationsselektierers (Gate-Keeper). Jede dieser Personen hat wiederum eigene Anforderungen und Präferenzen, die im Marketing berücksichtigt werden müssen (Backhaus & Periwar, 2019).

Unterschied ist z. B. jener zwischen Kunden, die bereits einmal bei ihrem Unternehmen gekauft haben und bisherigen Nicht-Kunden.
3. Ein weiteres wichtiges Element der Digital Marketing Roadmap ist eine klare Definition, welche **Ziele und Resultate in jeder Phase der Customer Journey** erreicht werden sollen. Welche Handlungen soll ihr Kunde vollziehen, damit er in die nächste Phase der Customer Journey kommt und ihr Unternehmen dabei berücksichtigt? Denken Sie hier auch daran, welche Probleme für den Kunden in den einzelnen Phasen auftreten könnten (**Pains**) und was er sich hier von einem Anbieter erwartet (**Gains**). Dieses klare Verständnis ist vor allem auch für die Erfolgsüberprüfung wichtig. Eine zentrale Frage ist hier, ob das Unternehmen über eigene Vertriebskanäle verfügt, oder nicht. Wie wir im nächsten Kapitel zeigen werden, ist es besonders wichtig, bei Marketing und Vertrieb für ein gemeinsames Verständnis der Phasen der Customer Journey und den Stufen des Sales Funnels zu sorgen. Dies bezieht sich auch auf die Definition, was in ihrem Unternehmen unter einem **Lead** oder einer **Opportunity** verstanden wird bzw. wann ein potenzieller Kunde als Lead oder Opportunity eingeschätzt wird.
4. Auf Basis der Informationen über die Customer Journey der Buyer Persona beinhaltet die Digital Marketing Roadmap dann die Planung der – digitalen und physischen – **Touchpoints**, über die die potenziellen Kunden erreicht werden sollen. Eine häufig getroffene Unterscheidung ist auch jene in Online-Touchpoints (z. B. Emails, Homepage, soziale Medien) und Offline-Touchpoints (z. B. Empfehlungen Werbeeinschaltungen in klassischen Medien, Kontakte mit Mitarbeitern des Unternehmens) (Kreutzer, 2019).
5. Gemeinsam mit der Definition der Touchpoints sind die einzelnen **Marketingmaßnahmen** (vor allem Kommunikationsmaßnahmen, aber auch andere Maßnahmen aus dem Marketing-Mix wie z. B. Preisaktionen) und der **Content** zu planen. Auch dabei muss auf die unterschiedlichen Phasen der Customer Journey Rücksicht genommen werden, da für Kunden, die sich in einer frühen Phase des Kaufprozesses befinden, andere Inhalte relevant sind als für jene, die kurz vor dem Kaufabschluss stehen.

6. Ein großer Vorteil des Digitalen Marketings ist die Möglichkeit der schnellen und zeitnahen Erfolgsüberprüfung. Dazu ist es erforderlich, geeignete Kennzahlen zu definieren, um die Teilziele in den einzelnen Phasen der Customer Journey messbar zu machen. Diese Kennzahlen werden in einem **KPI-Frameset** (KPI – Key Performance Indicator) zusammengefasst.

Wie der Prozess zur Erstellung einer Digital Marketing Roadmap im Detail aussieht, zeigen wir im folgenden Abschnitt.

1.2.2 Prozess zur Erstellung der Digital Marketing Roadmap

Der Prozess zur Erstellung einer Digital Marketing Roadmap lässt sich in drei Schritten zusammenfassen (Abb. 1.1). In einem ersten Schritt werden die Buyer Personas erstellt, deren Customer Journey analysiert und die Ziele je Phase der Customer Journey definiert. In jenen Fällen, in denen das Unternehmen über einen Direktvertrieb verfügt ist es besonders wichtig, eine gemeinsame Sichtweise von Marketing und Vertrieb sicherzustellen. Auf Basis dieser Informationen erfolgt im nächsten Schritt die Konzeptentwicklung. Im Kern werden dabei die relevanten Touchpoints ausgewählt, Kommunikationsmaßnahmen definiert und der relevante Content entwickelt. Den letzten Schritt stellt die Erfolgsmessung und laufende Optimierung dar. Dazu werden die geeigneten Kennzahlen definiert und in einem KPI-Frameset zusammengefasst.

Schritt 1: Analyse und Ziele
Entwicklung der Buyer Personas
Aufbauend auf den durch die Marktsegmentierung definierten Zielgruppen sind Buyer Personas zu entwickeln. Buyer Personas (oder Customer Avatare) sind „archetypische" Beschreibungen eines realen oder potenziellen Käufers. Was ist damit gemeint? Diese Beschreibungen zeigen, „[..] wer die Käufer sind, was sie erreichen wollen, welche Ziele ihr Handeln antreibt, wie sie denken, wie sie kaufen, wo sie kaufen, wann sie entscheiden zu kaufen und warum sie Kaufentscheidungen treffen."

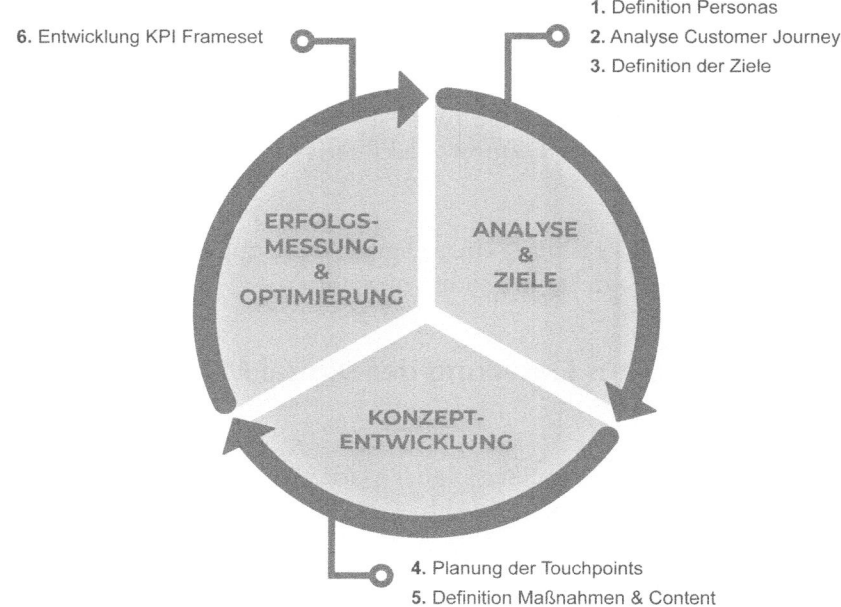

Abb. 1.1 Vorgehensweise zur Erstellung einer Digital Marketing Roadmap

(Burkholz, 2017, S. 51). Sorgfältig entwickelte Buyer Personas ermöglichen es, Kundengruppen noch besser zu verstehen und die Kommunikation in weiterer Folge gezielter auf diese Kundengruppen auszurichten.

Analyse der Customer Journey
Die Customer Journey ist ein zentrales Konzept für die Entwicklung der Digital Marketing Roadmap. Der Begriff „Customer Journey" ist eine Metapher für den Kaufentscheidungsprozess des Kunden. Er beschreibt die „Reise des Kunden" vom ersten Kaufimpuls bis zum Kaufabschluss und der Nachkaufphase. Während dieser Reise kommt der Kunde über verschiedene digitale und physische Interaktions- und Kontaktpunkte (Touchpoints) mit einem Unternehmen und dessen Angebot in Berührung (Lemon & Verhoef, 2016).

Wie die Customer Journey konkret aussieht, hängt vom jeweiligen Kaufentscheidungsprozess ab. In der Literatur finden sich verschiedene Ansätze, wie die Customer Journey ausgestaltet sein kann. In der Regel wird zwischen einer **Vorkauf-, Kauf- und Nachkaufphase** unterschieden, wobei diese Phasen – je nach Autor – weiter untergliedert werden. In Abschn. 2.2 werden wir näher darauf eingehen, wie die Customer Journey analysiert und dargestellt werden kann.

Definition der Teilziele für jede Phase der Customer Journey
Eine der größten Herausforderungen für das Marketing ist es, den Erfolgsbeitrag einzelner Kommunikationsmaßnahmen einzuschätzen. Bei der Planung der Digital Marketing Roadmap muss hier zwischen zwei Szenarien unterschieden werden, die wiederum eng mit der Frage des Vertriebs zusammenhängen: Erfolgt der Kaufabschluss online oder offline?

Wenn es um die Erfolgsmessung digitaler Kommunikationsmaßnahmen geht, dann beschäftigen sich die meisten wissenschaftlichen Publikationen und Studien mit dem Fall, dass der **Kaufabschluss online** erfolgt (Kannan et al., 2016). Mittels verschiedener Attributionsmodelle wird dabei versucht, den Beitrag einzelner Touchpoints/Klicks für den Kaufabschluss zu ermitteln. In der Praxis wird meist mit recht einfachen Modellen gearbeitet. So wird beispielsweise der gesamte Wert einer Conversion (z. B. des Kaufs in einem Onlineshop) dem letzten Klick vor dem Kaufabschluss zugeordnet („Last Click"), es kann aber auch dem ersten Klick zugeordnet werden („First Click") oder auf alle Kontaktpunkte verteilt werden. Google bietet dazu unterschiedliche Attributionsmodelle an, u. a. auch ein datengetriebenes, das auf Basis komplexer Algorithmen den Keywords auf Grundlage ihrer Wichtigkeit für den Conversion-Prozess einen Wert zuweist (Google, o. J.). Bereits bei reinen Online-Käufen gibt es hier eine Reihe von Problemen zu lösen, z. B. rechtliche Fragen des Trackings oder der Wechsel von Geräten während des Prozesses (Smartphone, Tablet und PC). Diese verschärfen sich weiter, wenn der **Kaufabschluss offline** erfolgt, da hier i. d. R. die Daten fehlen um zu beantworten, welche Touchpoints zur Conversion geführt haben.

Aus diesem Grund schlagen wir für die Erstellung der Digital Marketing Roadmap eine pragmatische Vorgehensweise vor:

> **Wichtig**
> Gehen Sie bei der Definition ihrer Ziele in zwei Schritten vor:
>
> 1. Klären Sie zunächst, welches Ziel Sie als „Oberziel" erreichen wollen (z. B. Neukundengewinnung).
> 2. Überlegen Sie im nächsten Schritt, welches Ziel Sie in jeder einzelnen Phase der Customer Journey erreichen müssen, um dieses übergeordnete Ziel zu erreichen (z. B. Erhöhung der Reichweite ihres Onlineshops). Fragen Sie sich, was Sie bei Ihrem Kunden erreichen müssen, damit er Ihr Unternehmen in der nächsten Phase seiner Customer Journey berücksichtigt. Oder anders gefragt: was muss geschehen, damit Ihr Kunde die nächste Stufe ihres Sales Funnels erreicht?

Die Teilziele, die sie in jeder Phase der Customer Journey erreichen wollen, sind dann der Ausgangspunkt für die Planung ihrer Kommunikationsmaßnahmen und die Erfolgsmessung. Bitte bedenken Sie dabei: es handelt sich hier nicht um ein „Konkurrenzmodell" zur Erstellung von Attributionsmodellen. Es ist vielmehr eine Ergänzung dazu die ihnen hilft, Klarheit in die Planung und Erfolgsmessung in jeder einzelnen Phase der Customer Journey zu bringen.

Die folgende Abbildung (Abb. 1.2) fasst die bisherigen Überlegungen am Beispiel des Offline-Kaufs eines E-Bikes zusammen. Die Customer Journey orientiert sich dabei am 5-A-Modell (Aware, Appeal, Ask, Act, Advocate) von Kotler et al. (2017). Das Modell baut auf dem bekannten AIDA-Modell auf, unterscheidet sich aber durch folgende Überlegung: in der *Aware-Phase* ist der potenzielle Kunde mit einer Vielzahl an Marken konfrontiert – ihm bekannte Marken aus früheren Käufen oder Marken, die ihm aus der Werbung bekannt sind. Angezogen wird er jedoch nur von wenigen dieser Marken, die er als attraktiv einschätzt – das geschieht in der *Appeal-Phase*. Dies gilt auch für den B2B-Bereich, auch wenn hier häufig weniger eine Produktmarke, sondern vielmehr die Unternehmensmarke im Vordergrund stehen wird. Über diese für ihn attraktiven Marken wird sich der potenzielle Kunde in weiterer Folge

1 Re!think Marketing 11

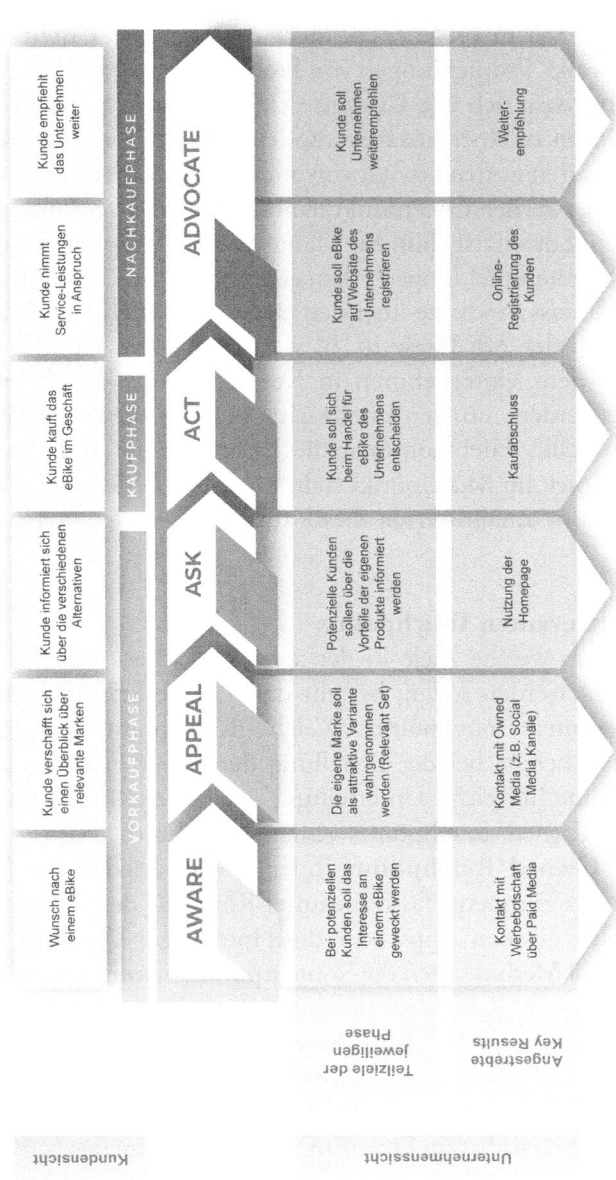

Abb. 1.2 Beispiel Key Results: Offline-Kauf eines E-Bikes

informieren – das geschieht in der *Ask-Phase*. Hier kommen verschiedene Informationsquellen in Frage (z. B. die Homepage des Unternehmens, Bewertungsportale, Empfehlungen von Freunden usw.). Kotler et al. weisen darauf hin, dass sich die Customer Journey in der Ask-Phase von einer persönlichen zu einer sozialen wandelt. Kunden werden nur solche Marken kaufen, deren Attraktivität von anderen „bestätigt" wurde. Überzeugte Kunden erwerben das Produkt dann in der *Act-Phase* und in weiterer Folge soll ein Loyalitätsgefühl zur Marke/zum Unternehmen aufgebaut werden und Weiterempfehlungen sollen erreicht werden (*Advocate-Phase*).

Für den Fall, dass Produkte über den eigenen Vertriebskanal abgesetzt werden, kann in der Ask-Phase (d. h. wenn der potenzielle Kunde das erste Mal mit dem Unternehmen in Kontakt tritt), eine Beurteilung durchgeführt werden, ob der Interessent auch in die Zielgruppe des Unternehmens fällt. Hier kommen die Überlegungen zum Lead Management ins Spiel: im Mittelpunkt steht hier die Überlegung, was einen Interessenten zum qualifizierten Lead für den Vertrieb macht (Körner, 2017).

Auswahl der relevanten Touchpoints
Wenn geklärt ist, welche Ziele in den einzelnen Phasen der Customer Journey erreicht werden sollen, besteht der nächste Schritt in der Auswahl der relevanten Touchpoints. Welche Touchpoints hier in Frage kommen, sollte bereits bei der Erstellung der Buyer Personas erhoben worden sein. Eine hilfreiche Unterteilung ist hier jene in Owned, Paid, Managed und Earned Touchpoints (Chaffey & Smith, 2017; Schüller, 2016). Unter **Owned Touchpoints** (oder Owned Media) werden jene Kontaktpunkte zusammengefasst, die unter Kontrolle des Unternehmens stehen, z. B. die eigenen Apps oder die Homepage. Die **Paid Touchpoints** (oder **Paid Media**) fassen die Kontaktpunkte zusammen, die Unternehmen nutzen, um Reichweite aufzubauen und potenzielle Kunden werblich zu erreichen (z. B. SEA – Search Engine Advertising, Affiliate Marketing aber auch Werbeeinschaltungen in klassischen Medien). **Managed Touchpoints** werden zwar durch das Unternehmen mit Inhalten versorgt, befinden sich aber im Eigentum eines Drittanbieters (z. B. Unternehmensseiten auf sozialen Medien, Branchenregister). Mit **Earned**

Touchpoints (oder Earned Media) sind letztlich jene Kontaktpunkte gemeint, die vom Unternehmen nicht mehr direkt beeinflusst werden können, wie z. B. Mundpropaganda, Berichte und Kommentare in Sozialen Medien oder auf Bewertungsplattformen.

Bezogen auf die weiter oben beschriebene Customer Journey zeigt sich, dass Paid Media vor allem in der Aware-Phase eine Rolle spielen, um den Bekanntheitsgrad zu steigern und Kunden auf die eigenen Touchpoints zu bringen (z. B. über Werbung in Sozialen Netzwerken oder SEA-Maßnahmen). In der Appeal-Phase spielen die eigenen Kanäle (z. B. die eigenen Kanäle in den Sozialen Medien) eine größere Rolle, ebenso in der Ask-Phase. Earned Touchpoints spielen in allen drei Phasen eine große Rolle.

Content-Entwicklung und Umsetzung der Kommunikationsmaßnahmen
Die Frage, was zuerst kommt – die Entwicklung des Contents oder die Auswahl der Touchpoints – wird kontrovers diskutiert. Wir haben uns in der DMR (Digital Marketing Roadmap) dafür entschieden, mit der Auswahl der Touchpoints zu beginnen, da diese ja durch die Kunden des Unternehmens in gewisser Weise „vorgegeben" sind. Es macht wenig Sinn, Content für einen Kanal zu entwickeln, der von der eigenen Zielgruppe nicht genutzt wird. Welcher Content in welchem Format benötigt wird, hängt daher von folgenden Fragen ab:

- Für welche Phase der Customer Journey wird der Content benötigt?
- Welche Touchpoints sollen in der jeweiligen Phase bespielt werden?
- Welche Ziele sollen an jedem Touchpoint erreicht werden?
- Welcher Mehrwert soll dem Kunden mit dem jeweiligen Content geboten werden?

Die ersten Fragen – nämlich jene nach den Touchpoints und Zielen der jeweiligen Phase – wurden in den ersten Schritten bereits beantwortet. Darauf aufbauend ist bei der Entwicklung der Content-Strategie die Frage nach dem Mehrwert zu klären, der dem (potenziellen) Kunden geboten werden kann. Soll der Content eher informativ oder unterhaltend sein? Bei der „Meisterschmiede" von Hornbach steht beispielsweise der Gebrauchs- und Nutzwert im Vordergrund: hier findet der Kunde detaillierte Videoanleitungen für die Wohnraum-, Küchen-, Bad- und Gartengestaltung sowie rund um Bauprojekte (Hornbach, o. J.). Die Mammut Sports Group setzt hingegen mit ihrem „Adventure #Projekt360" ganz auf Unterhaltungs- und Gesprächswert und präsentiert auf der Kampagnenseite project360.mammut.ch spektakuläre, interaktive Klettertouren (Bürker, 2017), die den User auf die Gipfel des Mount Everests, Mont Blancs, Matterhorns oder der Eigner Nordwand bringt.

Entwicklung eines KPI-Framesets
Ein wesentliches Element der Digital Marketing Roadmap ist die Entwicklung eines KPI-Framesets, um die Performance von Kommunikationsmaßnahmen kontinuierlich zu überprüfen. Hier kommt uns eine Stärke des Digitalen Marketings entgegen, nämlich die Möglichkeit einer zeitnahen und flexiblen Erfolgsmessung. Die Basis dafür bilden die für die jeweilige Phase der Customer Journey definierten Ziele. In der Praxis stehen Marketing-Professionals hier vor folgenden Herausforderungen:

- In jeder Phase der Customer Journey werden i. d. R. mehrere Touchpoints bespielt, wodurch sich eine große Anzahl an Kennzahlen ergibt, die verarbeitet werden muss.
- Nicht alle Touchpoints lassen sich immer klar nur einer Phase der Customer Journey zuordnen; während dies bei SEA-Maßnahmen aufgrund der eingesetzten Key-Words noch relativ einfach fällt, ist dies bei der Website nicht mehr ohne weiteres möglich.
- Kunden wechseln zwischen Online- und Offline-Touchpoints; die Erfolgsmessung von Kommunikationsmaßnahmen über Offline-Touchpoints (z. B. Anzeigen in Print-Medien) ist deutlich schwieriger, kann aber nicht vernachlässigt werden.

Für die Entwicklung eines KPI-Framesets ergeben sich daraus folgende Konsequenzen:
Auswahl von Spitzen-KPIs; aus Gründen der Übersichtlichkeit werden nicht alle Kennzahlen, die z. B. Google-Analytics zur Verfügung stellt, in

das KPI-Frameset (KPI – Key Performance Indicator) übernommen werden. Wählen Sie pro Touchpoint daher die für die Fragestellung aussagekräftigsten Kennzahlen aus und ordnen Sie diese in die folgenden Kategorien.

a. Reichweiten-KPIs (z. B. Impressions, Follower & Fans, Unique User, Brutto- und Nettoreichweiten)
b. Engagement-KPIs (z. B. Click-through-Rate, Video Views, Engagement Rate, Anzahl an Downloads); diese KPIs sind ein guter Indikator dafür, wie gut es Ihnen gelingt, Kunden in die nächste Phase ihrer Customer Journey zu begleiten.
c. Kosten-KPIs (z. B. TKP, durchschnittliche Cost-per-Click)

1. *Definieren von Zielwerten*; definieren Sie für Ihre Kommunikationsmaßnahmen (z. B. SEA) bzw. jeden Touchpoint (z. B. Ihre Website) Zielwerte, die erreicht werden sollen. Diese Zielwerte können Sie im Rahmen eines laufenden Monitoring-Prozesses den Ergebnissen gegenüberstellen. So sehen Sie, wie erfolgreich Sie in jeder Phase der Customer Journey arbeiten.
2. *Ergänzung um indirekte Erfolgsmessung*; immer dann, wenn Kunden auch einen Offline-Touchpoint (z. B. Print) nutzen, ist eine durchgängige, direkte Erfolgsmessung nicht mehr möglich. In diesem Fall kann über Modellierungsverfahren, bei denen auf Basis von Marktforschungsergebnissen Hochrechnungen erstellt werden, eine indirekte Erfolgsmessung vorgenommen werden.

Ein Sonderfall liegt dann vor, wenn Unternehmen nicht nur auf Daten zu ihren Online-Aktivitäten (z. B. zu SEA-Maßnahmen, Daten aus Google-Analytics zu ihrer Website), sondern auch zur Offline-Kommunikation (z. B. Spendings für Werbung in klassischen Medien) und Absatzzahlen (z. B. über AC Nielsen) zurückgreifen kann. In diesem Fall kann im Rahmen eines ökonometrischen Modellings durch den Einsatz von Regressionsanalysen der Beitrag der einzelnen Faktoren zum Erfolg (z. B. Verkaufszahlen) ermittelt werden.

> **Ihr Transfer in die Praxis**
>
> - Um die Chancen der Digitalisierung für das Marketing zu nutzen, müssen Unternehmen eine Unternehmenskultur entwickeln, die Ausprobieren, Lernen und Entwicklung ermöglichen.
> - Damit das nicht in einem „Trial & Error"-Prozess mündet, braucht es Klarheit in der Planung, Umsetzung und Messung des Digitalen Marketings.
> - Mit der Erstellung einer Digital Marketing Roadmap legen Sie – ausgehend von der Buyer Persona und Ihrer Customer Journey – fest, welche Teilziele sie in jeder Phase erreichen wollen, welche Marketingmaßnahmen gesetzt und wie deren Erfolg gemessen werden kann.

Literatur

Backhaus, K., & Periwar, K. (2019). Ermittlung von Gruppenpräferenzen im Buying Center. In K. Backhaus & P. Buff (Hrsg.), *MarktLab 2.0. Technologische Inventionen erfolgreich vermarkten* (S. 99–113). Springer Vieweg.

Berliner Verkehrsbetriebe. (2016). *Alles Absicht*. https://youtu.be/2pic3FnvUrY. Zugegriffen am 26.05.2021.

Bürker, M. (2017). Content Marketing – Einführung. Gastbeitrag. In C. Hilker (Hrsg.), *Content Marketing in der Praxis Ein Leitfaden – Strategie, Konzepte und Praxisbeispiele für B2B- und B2C-Unternehmen*. Springer Fachmedien. https://doi.org/10.1007/978-3-658-13883-7

Burkholz, R. (2017). Entwicklung einer Buyer Persona. In U. Hannig (Hrsg.), *Marketing und Sales Automation. Grundlagen – Tools – Umsetzung. Alles, was Sie wissen müssen* (S. 49–58). Springer Gabler.

Chaffey, D., & Smith, P. R. (2017). *Digital marketing excellence. Planning, optimizing and integrating online marketing* (5. Aufl.). Routledge.

Dentsu. (2022). *Dentsu Ad Spend Report predicts second year of growth boosted by digital* (26. Januar 2022). https://www.dentsu.com/uk/en/media-and-investors/dentsu-ad-spend-report-january-2022#top. Zugegriffen am 09.02.2022.

Google. (o. J.). *Nicht nur den letzten Klick berücksichtigen. Bestes Attributionsmodell für Ihre Anforderungen auswählen*. https://support.google.com/google-ads/answer/7002714?hl=de. Zugegriffen am 31.05.2021.

Hootsuite & We are Social. (2021). *Digital 2021. April global statshort report.* https://datareportal.com/reports/digital-2021-april-global-statshot. Zugegriffen am 26.05.2021.

Horizont. (2020). *Wie Zalando datenbasiertes Marketing zum Turbo der Markenführung macht.* https://www.horizont.net/marketing/nachrichten/zalando-marketing-services-wie-zalando-datenbasiertes-marketing-zum-turbo-der-markenfuehrung-macht-186180. Zugegriffen am 27.05.2021.

Hornbach. (o. J.). *Alle Videos für dein Projekt.* https://www.hornbach.at/projekte/alle-videos-fuer-dein-projekt/. Zugegriffen am 16.08.2021.

Internetworld. (2021). *Here to stay.* Zalando startet Frühjahrskampagne. https://www.internetworld.de/marketing-praxis/zalando/zalando-startet-fruehjahrskampagne-2647416.html. Zugegriffen am 27.05.2021.

Kannan, P., Reinartz, W., & Verhoeff, P. (2016). The path to purchase and attribution modelng: Introduction to special section. *International Journal of Research in Marketing, 33*, 449–456.

Körner, A. (2017). Roadmap zur Marketing Automation. In U. Hannig (Hrsg.), *Marketing und Sales Automation. Grundlagen – Tools – Umsetzung. Alles, was Sie wissen müssen* (S. 117–135). Springer Gabler.

Kotler, P., Kartajaya, H., & Setiawan, I. (2017). *Marketing 4.0. Der Leitfaden für das Marketing der Zukunft.* Campus.

Kreutzer, R. (2019). *Online-marketing* (2. Aufl.). Springer.

Lemon, K., & Verhoef, P. (2016). Understanding customer experience throughout the customer journey. *Journal of Marketing, 80*, 69–96.

OREO Cookie [@Oreo]. (2013). *Power out? No problem* (04. Februar 2013). [Tweet] Twitter. https://twitter.com/oreo/status/298246571718483968?lang=de. Zugegriffen am 26.05.2021.

Schüller, A. M. (2016). *Touch.Point.Sieg. Kommunikation in Zeiten der digitalen Transformation.* Gabal.

Zalando. (2019). *Zalando stellt neuen Marken-Claim free to be vor und startet Kampagne zur Selbstentfaltung.* https://corporate.zalando.com/de/newsroom/de/pressemitteilungen/zalando-stellt-neuen-marken-claim-free-be-vor-und-startet-kampagne. Zugegriffen am 27.05.2021.

2

Step 1: Analyse und Ziele

> **Was Sie aus diesem Kapitel mitnehmen**
> - Wie Sie bei der Entwicklung von Buyer Personas vorgehen und welche Informationsquellen Sie dafür nutzen können.
> - Wie Sie Customer Journeys analysieren und was Customer Journeys mit Sales Funnels gemeinsam haben.
> - Wie Sie Teilziele für jede Phase der Customer Journey definieren können, die Ihnen eine Beurteilung des Erfolgs Ihrer digitalen Kommunikationsmaßnahmen erleichtern.

2.1 Entwicklung der Buyer Personas

Den Ausgangspunkt für die Entwicklung ihrer Buyer Personas (Customer Avatare) stellen die Zielgruppen dar, die Sie in der Marktsegmentierung identifiziert und ausgewählt haben. Um aussagekräftige Buyer Personas zu entwickeln, müssen Sie sich über folgende Fragen klar werden:

1. Wie viele Buyer Personas sollen entwickelt werden?
2. Welche Informationen benötigen Sie?
3. Wie gestalten Sie den Entwicklungsprozess?

In den folgenden Kapiteln möchten wir Ihnen dazu Antworten liefern und Sie dabei unterstützen, aussagekräftige Buyer Personas zu entwickeln.

2.1.1 Anzahl der Buyer Personas

Eine Buyer Persona ist, vereinfacht ausgedrückt, eine modellhafte Beschreibung einer fiktiven Person, die einen realen Zielkunden Ihres Unternehmens repräsentiert. Diese Beschreibung beinhaltet eine Vielzahl an Informationen die Ihnen helfen, Ihren Kunden besser zu verstehen und Ihre Kommunikation noch besser auf die Kundengruppe, die durch die Buyer Persona repräsentiert wird, auszurichten.

Nachdem ein Unternehmen in der Regel mehrere Zielgruppen anspricht, stellt sich die Frage, wie viele Personas entwickelt werden sollen. Die einfache Antwort darauf lautet: eine für jede Zielgruppe. Wenn ein Unternehmen allerdings sehr viele unterschiedliche Zielgruppen anspricht, dann ist es aus rein praktischer Sicht erforderlich, Prioritäten zu setzen. Im einfachsten Fall können Sie hier anhand der wirtschaftlichen Bedeutung der Zielgruppen (z. B. Umsatzanteil der Zielgruppe am Gesamtumsatz des Unternehmens) eine Auswahl treffen.

Sollte das im Falle ihres Unternehmens nicht möglich sein – weil Sie z. B. sehr viele Zielgruppen ansprechen, die ähnlich wichtig für Sie sind – dann kann es Ihnen helfen, die Zielgruppen in Gruppen zusammenzufassen. Gehen Sie hierzu wie folgt vor:

a. Überlegen Sie zunächst, welche Eigenschaften ihrer Kunden besonders wichtig für Ihre Marktbearbeitung sind. Für einen Soft-Drink-Produzenten kann z. B. die Nutzungsintensität (gering vs. hoch) und das Ernährungsbewusstsein (gering vs. hoch) eine große Rolle spielen. Kombiniert man diese Kriterien mit ihren Ausprägungen, ergeben sich vier Cluster.
b. Ordnen Sie Ihre Zielgruppen diesen Clustern zu; es kann nun vorkommen, dass in einem Cluster mehrere Zielgruppen enthalten sind, in einem anderen nur eine.
c. Reihen Sie die Cluster nach der Bedeutung, die diese für ihr Unternehmen haben; ein mögliches Kriterium wäre die Anzahl der Zielgruppen dieses Clusters, das ein Indikator für das Umsatz- und Ertragspotenzial sein kann.

d. Wählen Sie in jenen Clustern, in denen mehrere Zielgruppen enthalten sind jene aus, die (z. B. aufgrund ihrer Größe) die höchste Bedeutung für Ihr Unternehmen besitzt.

Auf Basis dieser Strukturierung können Sie die Zielgruppen priorisieren und bei begrenzten Ressourcen eine Reihenfolge festlegen, nach der Sie die Buyer Personas erstellen.

> **Beispiel**
>
> Ein Hersteller von E-Bikes verfügt über ein umfangreiches Produktportfolio, das viele Fahrradtypen abdeckt (Straßenräder, Tourenräder, Mountain-Bikes). Da alle diese Räder sowohl in Damen-, als auch in Herrenversionen angeboten werden, spricht das Unternehmen eine Vielzahl an Zielgruppen („praktisch jede und jeden") an. Um bei der Erstellung von Buyer Personas nicht den Überblick zu verlieren, entscheidet sich das Unternehmen, die verschiedenen Zielgruppen anhand zweier Kriterien zu clustern:
>
> - Erfahrung mit E-Bikes (ja/nein); dieses Kriterium wird gewählt, da sich Erstkäufer von Wiederholungskäufern z. B. hinsichtlich ihres Informationsstands unterscheiden, was in einer frühen Phase der Kaufentscheidung berücksichtigt werden muss.
> - Nutzungsintensität des E-Bikes (niedrig/hoch); dieses Kriterium (z. B. gemessen an der Jahresleistung gefahrener km) hat Einfluss auf die Anforderungen an das E-Bike.
>
> Kombiniert man diese Kriterien mit ihren Ausprägungen, ergeben sich vier Cluster mit unterschiedlichen Zielgruppen (Abb. 2.1):
>
> I. *Erstkäufer mit hoher Jahresleistung an gefahrenen km*
>   In diesem Cluster finden sich u. a. folgende Zielgruppen: Sport-Radler, Touren-Radler und Pendler, die das Fahrrad als Kfz-Ersatz (z. B. für Fahrten zum Arbeitsplatz) nutzen. Diese Zielgruppen haben noch keine Erfahrung mit einem E-Bike, besitzen aber voraussichtlich schon ein herkömmliches Rad (Straßenrad, Tourenrad, Mountainbike).
> II. *Wiederholungskäufer mit hoher Jahresleistung an gefahrenen km*
>   Auch in diesem Cluster finden sich Sport-Radler, Touren-Radler und Pendler. Sie haben aber bereits Erfahrung mit einem E-Bike und einen hohen Wissensstand, worauf sie beim Kauf eines neuen E-Bikes achten werden.
> III. *Erstkäufer mit geringer Jahresleistung an gefahrenen km*
>   In diesem Cluster finden sich Freizeitradler aller Altersgruppen; der Schwerpunkt liegt zwar noch immer in der Zielgruppe 60+, der Alters-

> durchschnitt sinkt aber beständig. Auch diese Zielgruppen haben noch keine Erfahrung mit einem E-Bike und sind unter Umständen jahrelang nicht mehr Rad gefahren.
> IV. *Wiederholungskäufer mit geringer Jahresleistung an gefahrenen km*
> Auch hier finden sich Freizeitradler aller Altersgruppen, im Vergleich zu Cluster III (Erstkäufer) sieht man hier einen höheren Altersdurchschnitt, da E-Bikes vor einigen Jahren noch deutlich häufiger von älteren Personen gekauft wurden. Diese Zielgruppe hat bereits Erfahrung mit E-Bikes, verfügt im Vergleich zu den Zielgruppen in Cluster II über einen geringeren Wissensstand.
>
> Der Hersteller betrachtet das Cluster I (Erstkäufer mit einer hohen Jahresleistung an gefahrenen km) als das erfolgversprechendste. Aus diesem Grund entschließt er sich, für die dort zugeordneten Zielgruppen Buyer Personas zu erstellen.

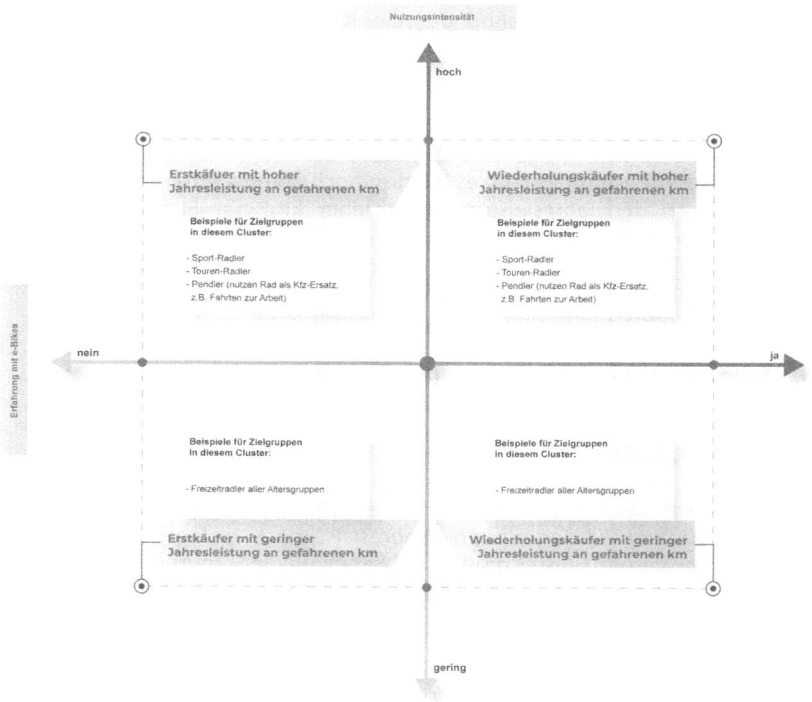

Abb. 2.1 Beispiel zur Clusterung von Buyer Personas

Wenn Sie sich darüber klar sind, für welche ihrer Zielgruppen Buyer Personas erstellt werden sollen, können Sie im nächsten Schritt klären, welche Informationen Sie dazu benötigen.

2.1.2 Informationen zu den Buyer Personas

Buyer Personas sollen Ihnen dabei helfen, Ihre Kunden wirklich zu verstehen und Ihre Kommunikation besser auf die Erwartungen Ihrer Kundengruppen auszurichten. Hier stellt sich die Frage, welche Informationen Ihnen dabei weiterhelfen. Erschwert wird die Antwort dadurch, dass Buyer Personas mittlerweile nicht mehr nur vom Marketing, sondern auch vom Vertrieb, dem Kundenservice oder der Produktentwicklung verwendet werden (Schlömer, 2019, S. 79). Damit Buyer Personas auch abteilungsübergreifend genutzt werden können und im Unternehmen eine gemeinsame Sichtweise auf die Anforderungen der Kunden entsteht, benötigen Sie Informationen zu folgenden Bereichen:

1. Sozio-demografische Daten
2. Werte und Einstellungen
3. Auslöser und Kaufmotive
4. Anforderungen und Nutzungsprofil
5. Hindernisse und Rolle im Kaufprozess
6. Relevante Touchpoints

2.1.2.1 Sozio-demografische Daten

Die sozio-demografischen Daten wurden im Idealfall bereits im Rahmen der Marktsegmentierung erhoben. Konzentrieren Sie sich hier vor allem auf jene Informationen, die für die Kaufentscheidung auch relevant sind. Das bedeutet im Umkehrschluss aber auch, dass Sie nicht alle Informationen, die Sie über Kunden erheben können, auch in die Beschreibung der Buyer Persona aufnehmen werden. Beispielsweise wird das Haushaltsnettoeinkommen zwar für einen Fertighauserzeuger relevant sein, für einen Hersteller von Lebensmitteln wohl eher weniger. Umgekehrt wird das Ernährungsbewusstsein für den Fertighauserzeuger keinen Mehrwert bieten, für den Hersteller von Lebensmitteln aber essenziell sein.

Unternehmen, die ihre Produkte und Dienstleistungen an den *Endkunden (Konsumenten)* verkaufen, werden typischerweise folgende Daten erheben.

- Alter und Geschlecht
- Beziehungs- bzw. Familienstatus
- Beruf
- Ausbildung
- Wohnort

> Sammeln Sie Informationen, die ihnen dabei helfen, zu verstehen in welcher *Phase des Lebenszyklus* sich ihre Buyer Persona befindet; hierbei geht es nicht nur um das Alter, sondern sie sollten auch Informationen zur Ausbildung, dem Beziehungs- bzw. Familienstatus und der Wohnsituation berücksichtigen.

Verbunden mit einem Namen und Bild, die beide zur Buyer Persona „passen", kann man sich hier schnell eine erste Vorstellung vom Kunden machen.

Unternehmen, die im *B2B-Bereich* tätig sind, werden sich weniger für Beziehungs- bzw. Familienstatus oder die Phase des Lebenszyklus interessieren. Dafür sollten sie unbedingt Informationen zu Funktion und Aufgaben der Buyer Persona im Unternehmen erheben. Eine weitere wichtige Information betrifft die Rolle, die die Persona im Kaufentscheidungsprozess des Unternehmens einnimmt. Wir werden auf diesen Punkt unter dem Stichwort „Buying Center" unten weiter noch gesondert eingehen.

2.1.2.2 Werte und Einstellungen

Um Kaufentscheidungen und Erwartungshaltungen von Kunden zu verstehen kann es hilfreich sein, auch Werte und Einstellungen zu erheben.

Wichtig dabei: Konzentrieren Sie sich auf solche, die tatsächlich auch einen *Zusammenhang mit der Kaufentscheidung* aufweisen. Auch hier zeigt sich, dass Sie branchenspezifisch vorgehen müssen.

> **Beispiel**
>
> Für einen Hersteller von hochpreisigen E-Bikes können z. B. folgende Werte und Einstellungen bei Kunden relevant sein:
>
> - Umweltbewusstsein; Personen mit einem hohen Umweltbewusstsein werden beispielsweise eher das Fahrrad als Kfz-Ersatz nutzen.
> - Qualitätsbewusstsein; wenn ein Unternehmen hochpreisige E-Bikes herstellt, werden Personen, die bei Kauf von Produkten allgemein auf Qualität achten, eher dem Wunschkunden entsprechen.
>
> Im Gegensatz dazu werden Informationen wie „modebewusst, ernährungsbewusst, am Tierwohl interessiert" keinen Mehrwert bieten. Selbst wenn diese Informationen auf – einen Teil – der Kunden, die von ihrer Buyer Persona repräsentiert wird, zutrifft, stehen sie in keinem Zusammenhang mit der Kaufentscheidung.

2.1.2.3 Auslöser und Kaufmotive

Ihre (potenziellen) Kunden können sich schon länger für Ihr Produkt interessieren, sind bisher aber noch nicht tätig geworden. Was sind typische Auslöser, warum sie es zu einem bestimmten Moment aber doch tun? Wer oder was gibt den Anstoß dazu? Typische Auslöser für eine Kaufentscheidung sind in Tab. 2.1 zusammengefasst:

Bezogen auf einen Anbieter von E-Bikes wären folgende Auslöser für eine Kaufentscheidung denkbar:

- der Rat von Bezugspersonen,
- Kaufentscheidungen von Bezugspersonen (wenn z. B. Freunde sich ein neues E-Bike gekauft haben),

Tab. 2.1 Beispiele für Auslöser von Kaufentscheidungen

Auslöser B2B	Beispiele für betroffene Branchen
• Organisatorische Veränderungen – Erweiterungsmaßnahmen (z. B. neue Filiale) – Ersatzinvestitionen	• Immobilien, Büroausstattung, IT-Ausstattung, Maschinen
• Ablauf eines Vertrags	• Versicherungen, Mobilfunkanbieter, Leasing
• Einführung eines QM-Systems/ Zertifizierung	• Beratungsunternehmen
• Unzufriedenheit mit einer Leistung oder Empfehlungen	• alle Branchen
Auslöser B2C	*Beispiele für betroffene Branchen*
• Änderungen in den Lebensumständen – Umzug, Ortswechsel – Berufliche Veränderungen – Heirat/Lebensgemeinschaft – Geburt eines Kindes	• Immobilien, Möbel, Versicherungen
• Ablauf eines Vertrags	• Versicherungen, Mobilfunkanbieter, Leasing
• Unzufriedenheit mit einer Leistung oder Empfehlungen	• alle Branchen

Quelle: Verfasser

- ein besonderes Ereignis, zu dem man sich oder einer anderen Person ein E-Bike schenken möchte (Geburtstage, der Abschluss einer Ausbildung, etc.)
- ein Erlebnis (wenn man z. B. auf einer Radtour lange Bergauffahrten als zu anstrengend empfunden hat)

Diese Auslöser können in einem engen Zusammenhang mit den Kaufmotiven stehen, sollten mit diesen aber nicht verwechselt werden. Motive helfen zu verstehen, warum sich Menschen in einer bestimmten Situation in einer konkreten Weise verhalten (Raab et al., 2010). Das gleiche gilt für den Kauf von Produkten und Dienstleistungen. Warum kauft Ihr Kunde ein Produkt oder eine Dienstleistung? Berücksichtigen Sie dabei: So, wie das Verhalten normalerweise von mehreren Motiven bestimmt wird, können auch beim Kauf von Produkten mehrere verhaltensrelevante Motive zusammenspielen. Raab et al. führen folgende Motive an, die für das Kaufverhalten relevant sein können (vgl. Tab. 2.2).

Tab. 2.2 Für das Kaufverhalten relevante Motive

Aktivität	Genuss	Lebensfreude	Sexualität
Amüsement	Geschmack	Leistung	Sicherheit
Ansehen	Gesundheit	Macht	Sportlichkeit
Besitztum	Häuslicher Komfort	Nachahmung	Sympathie für andere
Durst	Herrschaft	Natürlichkeit	Vergnügen
Ehrgeiz	Hingabe	Neugier	Vertrauen
Einfluss auf andere	Höflichkeit	Prestige	Wärme
Erfrischung	Humor	Religiosität	Wettbewerb
Gastlichkeit	Hunger	Sauberkeit	Wohlbefinden
Geborgenheit	Kinderliebe	Schutz	Zusammenarbeit

Quelle: Raab et al. (2010), S. 217

Die in Tab. 2.2 angeführten Motive bieten lediglich eine erste Orientierung. Sie sollten weiter hinterfragen, welches positive Ereignis sich die Persona erwartet, wenn sie das Produkt gekauft hat. Die erwarteten positiven Ereignisse helfen Ihnen im nächsten Schritt die Anforderungen klarer zu benennen, die der Kunde an das Produkt bzw. Ihre Dienstleistung stellt.

Beispielsweise könnte das Motiv für den Kauf eines E-Bikes sein, etwas für die eigene Gesundheit zu tun. Das positive Ereignis, das der Kunde sich vom Kauf erwartet, könnte sein, mit dem E-Bike wieder längere Ausfahrten auch auf Strecken mit einem anspruchsvolleren Höhenprofil machen zu können. Daraus ergeben sich wiederum Anforderungen, die dem Kunden bei dem Produkt wichtig sind (z. B. die Akku-Leistung).

2.1.2.4 Anforderungen und Nutzungsprofil

Mit der Frage nach den Anforderungen klären Sie, welche Kriterien der Buyer Persona bei dem Produkt oder der Dienstleistung wichtig sind. Hier macht es Sinn, zwischen Basis-, Leistungs- und Begeisterungseigenschaften zu unterscheiden (Sauerwein, 2000):

- *Basiseigenschaften* sind Teile ihres Angebots, die der Kunde voraussetzt und bei deren Vorliegen er nicht als „zufrieden" eingestuft werden kann; sie müssen erfüllt sein, damit der Kunde nicht unzufrieden ist. Für einen Käufer, der das E-Bike als Verkehrsmittel (z. B. für die täg-

liche Fahrt zur Arbeit) nutzen möchte, wird eine StVO-konforme Ausrüstung eine Grundvoraussetzung sein.
- *Leistungseigenschaften* sind Teile ihres Angebots, die der Kunde erwartet und die – je nach Grad der Erfüllung – sowohl zu Zufriedenheit, als auch zu Unzufriedenheit führen können. Bei einem E-Bike wäre die Akku-Reichweite ein solches Kriterium – je größer die Reichweite, desto zufriedener wird der Kunde damit auch sein.
- *Begeisterungseigenschaften* wiederum werden vom Kunden nicht erwartet. Liegen sie nicht vor, ist der Kunde nicht unzufrieden, werden sie geboten, führt dies aber zu Kundenbegeisterung. Solche Begeisterungseigenschaften können sowohl im Produkt selbst begründet sein (wenn z. B. aufgrund des Designs von außen kaum mehr sichtbar ist, dass es sich um ein E-Bike handelt), aber auch im Herstellungsprozess (z. B. eine besonders nachhaltige Produktion) oder Zusatzdienstleistungen (z. B. eine im Kaufpreis inkludierte Diebstahlversicherung oder ein Fahrsicherheitstraining).

Eine wesentliche Information über die Buyer Persona ist auch das Nutzungsprofil – wie und in welchem Umfeld wird das Produkt verwendet? Für den Verkauf von E-Bikes wird es z. B. relevant sein zu wissen, wie viele Kilometer mit dem Rad jährlich gefahren werden und mit welchem Streckenprofil.

2.1.2.5 Hindernisse und Rolle im Kaufprozess

Eine wichtige Information zur Buyer Persona sind die typischen Kaufhindernisse: warum hat die Persona bisher nicht gekauft und was könnte sie jetzt vom Kauf abhalten? Ein typisches Kaufhindernis bei einem E-Bike wäre der vergleichsweise hohe Kaufpreis. Ist dieses Kaufhindernis bekannt, kann an Lösungen gearbeitet werden (z. B. Finanzierungsangebote).

Um die Kaufentscheidung wirklich zu verstehen ist es auch sinnvoll, die Rolle der Buyer Persona im Kaufprozess zu hinterfragen. Trifft sie die Kaufentscheidung alleine oder wird sie von anderen beeinflusst? Im privaten Umfeld kommt der Familie und den Freunden oft eine große Bedeutung zu, Personen lassen sich aber auch von Influencern und Meinungsführern beeinflussen.

Einen Sonderfall stellt hier das *Kaufverhalten von Organisationen* dar. In Unternehmen werden Kaufentscheidungen häufig nicht von einer Person alleine getroffen. Je nach Art der Kaufentscheidung können mehrere Personen daran beteiligt sein, die gedanklich in einem sog. Buying-Center (Backhaus & Voeth, 2014, S. 45 ff.) zusammengefasst werden können:

- *Buyer (Einkäufer)* sind jene Personen, die in der Organisation die Aufgabe haben, Lieferanten auszuwählen und Kaufabschlüsse zu tätigen. Gerade bei größeren Kaufentscheidungen sind es aber nicht sie, die die endgültige Entscheidung treffen. Das sind vielmehr die
- *Decider (Entscheider)*, also jene Personen, die aufgrund ihrer formalen Position dazu in der Lage sind (z. B. Prokuristen, Geschäftsführer). Diese Decider hören jedoch auch auf den Rat von
- *Influencern (Beeinflusser)*; diese Personen sind meist schwieriger zu identifizieren, da sie – anders als z. B. die Buyer – nicht unbedingt einer bestimmten Abteilung oder Berufsfunktion zugeordnet werden können. So können sowohl unternehmensinterne Personen (z. B. Controller, Techniker), als auch unternehmensexterne Personen (z. B. Berater, Geschäftsfreunde) Einfluss auf die Entscheidung der Decider nehmen. In vielen Unternehmen werden auch
- *User (Nutzer)* in die Kaufentscheidung mit einbezogen; das sind jene Personen, die später mit dem gekauften Produkt arbeiten sollen. Letztendlich kann es auch
- *Gate-Keeper (Informationsselektierer)* geben (z. B. Assistentin von Entscheidungsträgern), die den Informationsfluss steuern können und damit indirekt Einfluss auf die Kaufentscheidung nehmen.

Wird eine Buyer Persona im B2B-Kontext erstellt, ist es daher wichtig zu wissen, wie das Buying-Center bei Kunden in der Regel aufgestellt ist und welche Rolle die Buyer Persona hier einnimmt.

2.1.2.6 Relevante Touchpoints

Vervollständigt wird das Bild über die Buyer Persona durch Informationen über die relevanten Touchpoints, über die sie mit dem Unternehmen in Berührung kommt. Diese Informationen werden auch für die Erstellung der Customer Journey benötigt und sollten möglichst konkret sein. So genügt es beispielsweise nicht „Social Media" anzuführen: Welche Sozialen Medien nutzt die Persona konkret? Auch der Touchpoint „Homepage" ist zu vage. Hier interessiert es vor allem, wie der Kunde im Internet sucht und über welche Kanäle er auf Ihre Homepage stößt.

Die in diesem Kapitel vorgestellten Informationen über eine Buyer Persona werden in Abb. 2.2 überblicksmäßig zusammengefasst und können Ihnen als Vorlage für die Erstellung Ihrer Buyer Personas dienen. Zum besseren Verständnis wird sie in Abb. 2.3 auf das Beispiel einer konkreten Buyer Persona übertragen.

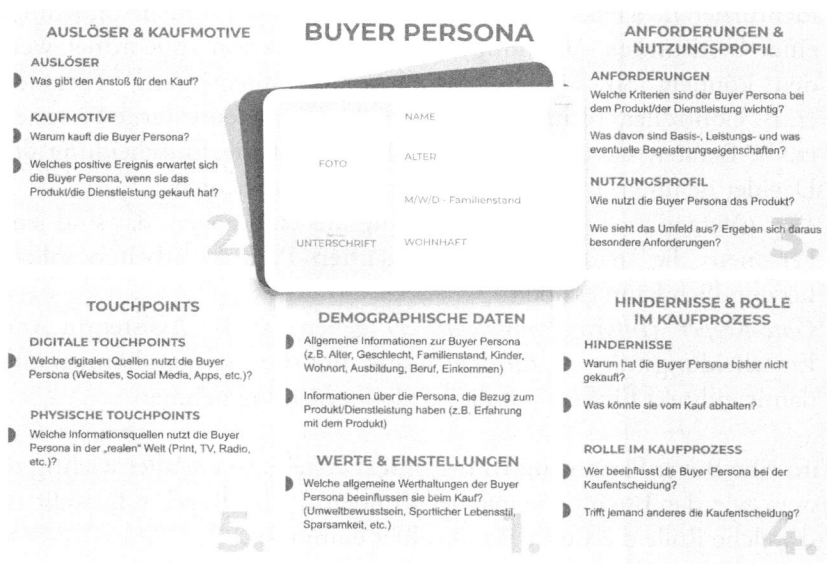

Abb. 2.2 Vorlage zur Erstellung einer Buyer Persona

2 Step 1: Analyse und Ziele

Abb. 2.3 Beispiel einer Buyer Persona

2.2 Entwicklung der Customer Journey

Mit den Informationen über die von der Buyer Persona genutzten Touchpoints ist der Bogen zur Customer Journey – der Reise des Kunden – gespannt. Die Customer Journey ist wie bereits erwähnt, eine Metapher für den Informationssuch- und Kaufprozess des Kunden.

Da die Customer Journey den konkreten Kaufentscheidungsprozess eines Kunden abbilden soll, muss sie an die jeweilige Branche und die Art der Kaufentscheidung angepasst werden. Für die Entwicklung der Customer Journey empfehlen wir den nachfolgenden Prozess:

1. *Klären Sie, wie umfangreich die Customer Journey betrachtet werden soll*
   Customer Journeys können grundsätzlich in eine Vorkauf-, Kauf- und Nachkaufphase unterteilt werden. Bei der Entwicklung der Customer Journey sollte zunächst geklärt werden, ob die gesamte Customer Journey betrachtet werden soll, oder ob der Fokus auf eine bestimmte

Phase gelegt werden soll. Je nach Aufgabenstellung kann es Sinn machen, sich auf eine bestimmte Phase der Customer Journey zu konzentrieren, z. B. auf die Vorkauf- und Kaufphase, wenn es um das Thema Neukundengewinnung geht oder auf die Nachkaufphase, wenn ein Konzept zur Kundenbindung entwickelt werden soll. Im Regelfall sollte jedoch die gesamte Customer Journey abgebildet werden.

2. *Klären Sie, ob die reale oder ideale Customer Journey dargestellt werden soll*
Mit der Customer Journey werden sowohl die Schritte des Kunden, als auch die Touchpoints, über die er mit dem Unternehmen und seinen Angeboten in Kontakt kommt, dargestellt. Mit der realen Customer Journey wird der Status-quo abgebildet, dabei können auch derzeitige Schwachpunkte identifiziert werden. So kann man z. B. feststellen, dass einzelne für den Kunden wichtige Touchpoints vom Unternehmen unzureichend oder gar nicht bespielt werden (z. B. Amazon als Suchmaschine in der Vorkaufphase).

Im Gegensatz dazu wird bei der idealen Customer Journey vom Idealzustand ausgegangen: Was erwartet der Kunde in welcher Phase an welchem Touchpoint und wie kann diese Erwartungshaltung bestmöglich erfüllt werden?

3. *Klären Sie, für welche Buyer Persona die Customer Journey erstellt werden soll*
Je nach Buyer Persona kann auch die Customer Journey unterschiedlich ablaufen. Ein wichtiger Unterschied ist dabei, ob es sich

- um Kunden handelt, die das Unternehmen bereits kennen oder ob Personen angesprochen werden sollen, die vom Unternehmen noch nie gehört haben,
- um Erstkäufer eines Produkts handelt oder um Personen, die in dieser Produktsparte bereits eingekauft haben,
- um bestehende Kunden des Unternehmens handelt oder um Personen, die noch nie bei Ihrem Unternehmen gekauft haben.

All diese Punkte wirken sich darauf aus, worin der Auslöser für die Kaufentscheidung bestehen kann oder in welcher Phase der Customer Journey der (potenzielle) Kunde in den Kaufprozess eintritt. Verfügt eine Person z. B. bereits über umfangreicheres Produktwissen und

Markenpräferenzen, wird sich sein Informationssuchprozess deutlich von jenen Personen unterscheiden, auf die das nicht zutrifft.

4. *Klären Sie die Phasen, die die Persona durchläuft*
   Aufbauend auf den bisherigen Überlegungen werden im nächsten Schritt die Phasen identifiziert, die die Buyer Persona durchläuft. Dabei kann es hilfreich sein, das „kritische Ereignis" der Customer Journey zu identifizieren und von hier aus vor- und rückwärts zu planen. Wann fällt die Kaufentscheidung und welche Handlung setzt der potenzielle Kunde davor? Oder anders gefragt: Welches Ereignis liegt am Übergang von der Vorkauf- in die Kaufphase? Beim Verkauf eines Autos ist die Probefahrt ein solch kritisches Ereignis – in der Regel wird eine Probefahrt dann durchgeführt, wenn der potenzielle Käufer in seinem Entscheidungsprozess schon relativ weit ist. Auch hat ein Händler, der Kunden zu einer Probefahrt gewinnt auch gute Chancen, diese von den Vorteilen des eigenen Angebots zu überzeugen.

5. *Legen Sie die relevanten Touchpoints fest*
   Identifizieren Sie die konkreten Touchpoints der Persona in den einzelnen Phasen. Wenn Sie die reale Customer Journey abbilden – den Status-quo – dann ermitteln Sie hier Ihre jeweiligen Stärken und Schwächen.

6. *Beschreiben Sie, was die Persona erwartet und erlebt*
   Für jede Phase der Customer Journey sollte im nächsten Schritt beschrieben werden, was die Persona jeweils erwartet und erlebt; verwenden Sie gegebenenfalls auch Bilder zur Visualisierung.

7. *Schätzen Sie die Kundenerfahrung ein*
   Erstellen Sie für Ihre Buyer Persona eine Emotionskurve, mit der Sie die jeweilige Kundenerfahrung einschätzen. Achten Sie hier besonders darauf, ob Sie die reale oder ideale Customer Journey abbilden wollen. Besonders interessant ist hier die Frage nach Gain- und Pain-Points. An welchen Touchpoints erfüllen Sie Anforderungen von Kunden besonders gut – wo erfüllen Sie deren Erwartungen nicht?

   Customer Journeys können sowohl auf Papier, als auch mittels spezieller Software (z. B. smaply.com) erstellt werden. Wesentlich ist dabei die Frage, auf welche Informationen Sie dazu zurückgreifen. Diese Frage behandeln wir im folgenden Abschnitt.

2.3 Informationsquellen zur Erstellung von Buyer Personas und Customer Journey

Die Erstellung von Buyer Personas und Customer Journeys hängen eng zusammen. In beiden Fällen können ähnliche Informationsquellen genutzt werden. In der Praxis sollten Sie hier sowohl bereits vorhandene Sekundärdaten nutzen, als auch eigene Erhebungen durchführen (vgl. Tab. 2.3).

Am ergiebigsten sind dabei Interviews, die mit Kunden und Nicht-Käufern durchgeführt werden; gerade Interviews mit Interessenten, die sich letztendlich doch nicht zum Kauf entschieden haben – oder bei einem Mitbewerber gekauft haben – bieten wertvolle Einblicke in Entscheidungskriterien von Kunden und eigene Schwachpunkte.

2.4 Definition des Sales Funnels

Customer Journey und Sales Funnel sind zwei eng verwandte Konzepte, die von zwei unterschiedlichen Seiten auf den Kaufprozess des Kunden blicken. Während mit der Customer Journey die „**Kundenperspektive**"

Tab. 2.3 Informationsquellen für Buyer Personas und Customer Journey

	Unternehmensinterne Quellen	Unternehmensexterne Quellen
Sekundärdaten	- Ergebnisse früherer Kundenbefragungen - Bestehende Beschreibungen von Zielgruppen - Berichte von Mitarbeitern mit direktem Kundenkontakt (z. B. Außendienst) - CRM-Systeme/ Kundendatenbanken	- Studien u. Berichte über die Zielgruppe - Online-Datenbanken (z. B. statista.de, gik.media/best-4-planning/) - Quellen zur Mediennutzung (z. B. digitalnewsreport.com)
Primärdaten	- Interviews mit Mitarbeitern mit direktem Kundenkontakt (z. B. Außendienst, Verkäufer)	- Interviews mit bestehenden Kunden - Interviews mit Erstkäufern (kurz nach dem Kauf) - Interviews mit Personen, die sich letztendlich gegen den Kauf entschieden haben

Quelle: Verfasser

Tab. 2.4 Customer Journey vs. Sales Funnel

	Customer Journey	Sales Funnel
Gemeinsamkeiten	Betrachtung des Informationssuchverhaltens u. Kaufprozesses des Kunden	
Fokus	- Reise des Kunden verstehen - Touchpoint-Management/ Kommunikationsmaßnahmen optimieren - Marketingziele (z. B. Aufbau von Brand Awareness)	- Planung und Unterstützung des Vertriebsprozesses - Umsatzziele
Unterteilung	- Vorkaufphase - Kaufphase - Nachkaufphase	- TOFU (Top of Funnel) - MOFU (Middle of Funnel) - BOFU (Bottom of Funnel)

Quelle: Verfasser

eingenommen wird, steht beim Sales Funnel die „**Unternehmensperspektive**" – genauer gesagt, die Perspektive des Vertriebs – im Vordergrund. Bei der Analyse der Customer Journey geht es vor allem darum, die „Reise des Kunden" zu verstehen, beim Sales Funnel stehen Umsatzziele und die Planung und Unterstützung des Vertriebsprozesses im Vordergrund. Dies wird bereits durch die typische Unterteilung in Phasen bei der Customer Journey (Vorkauf-, Kauf- und Nachkaufphase) und Stufen des Sales Funnels (Top, Middle und Bottom of Funnel) sichtbar (siehe Tab. 2.4).

Ein Unternehmen kann nicht bei der Analyse der Customer Journey „stehen bleiben", sondern muss die Erkenntnisse über den Informationssuch- und Kaufprozess des Kunden in seiner Vertriebsplanung umsetzen. Umgekehrt kann der Sales Funnels nur dann funktionieren, wenn das Unternehmen ein gutes Verständnis über die „Reise des Kunden" hat.

Aus diesem Grund stellt die *Analyse der Customer Journey den Ausgangspunkt* dar, um das Informationssuch- und Kaufverhalten des Kunden zu verstehen. Die dabei gewonnenen Informationen bilden den *Rahmen für die Planung der Kommunikations- und Vertriebsaktivitäten*, um Nicht-Kunden zu Interessenten, Leads, Opportunities und letztendlich Käufern zu machen. Während die Überlegungen zum Sales Funnel üblicherweise beim Status „Käufer" enden, wird bei der Customer Journey auch die

Nachkaufphase betrachtet und es werden Überlegungen zur Kundenbindung angestellt.

Bei der Planung der Stufen des Sales Funnels sind folgende Fragen von praktischer Relevanz:

1. Welche Informationen sind für Ihre potenziellen Kunden am Beginn ihrer Reise von so hoher Relevanz, dass Sie damit ihre Aufmerksamkeit gewinnen und eine Kontaktaufnahme erreichen? Oder anders gefragt: wie wird aus einer Person, die Ihrer Zielgruppe entspricht, ein Interessent?
2. Wie machen Sie aus einem (anonymen) Interessenten einen namentlich bekannten Lead?
3. Wann wird ein Lead zu einer Opportunity für den Vertrieb?

Schritt 1: Top-of-Funnel – vom potenziellen Käufer zum Interessenten

Am oberen Ende des Verkaufstrichters befindet sich der potenzielle Käufer in der Awareness-Phase. Er sucht nach Informationen oder Inspiration und will oft erst einen Themenüberblick erhalten (Schlömer, 2019). In dieser Phase spielen Suchmaschinen eine große Rolle, weshalb suchmaschinenoptimierte Inhalte, die Kunden einen echten Mehrwert bieten, hohe Bedeutung haben.

Exkurs – Moment-of-Truth

Der Begriff „Moment of Truth" wurde 2005 von Procter & Gamble (P&G) geprägt. P&G ging davon aus, dass sich der Erfolg einer Marke zu zwei Zeitpunkten entscheidet:

- dem *„First-Moment-of-Truth"*; das ist jener Zeitpunkt, zu dem der Kunde in ein Geschäft geht und sich für den Kauf einer bestimmten Marke entscheidet und
- dem *„Second-Moment-of-Truth"*; das ist jener Zeitpunkt, zu dem der Kunde das Produkt erstmals verwendet und eine positive oder negative Erfahrung damit macht (Cundari, 2015, S. 48).

> Diese Überlegungen wurden 2006 von Pete Blackshaw, einem Mitarbeiter von P&G, um
>
> - den „*Third-Moment-of-Truth*" ergänzt; dieser Zeitpunkt bezieht sich auf die – positive oder negative – Äußerung des Kunden über seine Erfahrungen mit dem Produkt (Blackshaw, 2006).

Bevor es zu einer Kaufentscheidung kommt, haben Kunden eine Vielzahl an Möglichkeiten, sich über ein Unternehmen oder eine Marke zu informieren. Google spricht hier vom „Zero-Moment-of-Truth" (ZMOT):

> „ZMOT is that moment when you grab your laptop, mobile phone or some other wired device and start learning about a product or service ... you're thinking about trying or buying." (Lecinski, 2011)

In mehreren Studien untersuchte Google den Einfluss des ZMOT. So zeigte sich, dass Kunden im Falle von Versicherungen vor der endgültigen Entscheidung durchschnittlich 11,7 Quellen nutzen (Google, 2011a) und im Falle eines Autokaufs 18,2 Quellen (Google, 2011b). Auch auf B2B-Märkten ist ein großer Teil der Customer Journey schon absolviert, bevor potenzielle Kunden das erste Mal Kontakt mit einem Unternehmen aufnehmen. So zeigte sich in einer von Google und dem Beratungsunternehmen CEB durchgeführten Studie, dass die Kaufentscheidung eines durchschnittlichen B2B-Käufers bereits zu 57 % abgeschlossen ist, wenn er sich an einen Vertriebsmitarbeiter wendet (CEB, 2012).

Schritt 2: Mid-of-Funnel – vom Interessenten zum Lead
Sie haben mit geeigneten Inbound-Marketingmaßnahmen (z. B. geeignetem Website-Content mit entsprechenden SEO/SEA-Maßnahmen und Ihrer Social-Media-Präsenz) Interessenten auf Ihre Website, Ihren Blog oder Ihre Social-Media-Kanäle gebracht. Die weitere Vorgehensweise hängt davon ab, ob das Unternehmen eigene Vertriebskanäle nutzt (direkter Vertrieb) oder über Handelspartner verkauft (indirekter Vertrieb).

In beiden Fällen besteht ein wichtiges Ziel darin, mit den Interessenten im Dialog zu bleiben und eine echte Verbindung herzustellen. Das kann z. B. in der Anmeldung zu einem Newsletter des Unternehmens bestehen. Auch hier ist hochwertiger Content, der den Kunden einen Mehrwert bietet, der Schlüssel. Ein gutes Beispiel für Content mit hohem Nutzwert sind die Videos mit konkreten Projektanleitungen von Hornbach (Hornbach Meisterschmiede, o. J.) oder Mammut, einem Hersteller von Outdoor-Bekleidung, der auf seiner Website spektakuläre Bergtouren virtuell erlebbar macht (Mammut Project 360, o. J.).

Im Fall von Unternehmen, die ihre Produkte über eigene Vertriebskanäle vertreiben, geht es darüber hinaus darum, die Interessen zu namentlich bekannten Kontakten oder Leads zu machen (Schlömer, 2019). Das ist z. B. bei vielen Herstellern von Gebrauchsgütern (z. B. Autos) oder in B2B-Branchen (z. B. Maschinenbau, Software usw.) der Fall. Ein typischer Ansatz dazu wäre der Einsatz von Content, der zwar gratis zur Verfügung steht, jedoch erst nach einer Registrierung verfügbar wird. Mit der Registrierung können jene Informationen über den Interessenten erhoben werden, die zeigen, ob dieser auch tatsächlich in Ihre Zielgruppe fällt. Ist dies der Fall, spricht man von „marketingqualified" Leads, die dann an den Vertrieb übergeben werden, wenn sich ein konkretes Kaufinteresse zeigt. Welches Verhalten als Signal für eine konkrete Kaufbereitschaft dienen kann, muss branchenspezifisch beurteilt werden. In der Automobilbranche ist beispielsweise die Buchung einer Probefahrt ein Zeichen dafür, dass sich Kunden bereits konkret mit dem Autokauf auseinandersetzen.

Schritt 3: End-of-Funnel – vom Lead zur Opportunity
In den Fällen, in denen der Kunde ein Verhalten gezeigt hat, das als Signal für ein konkretes Kaufinteresse angesehen werden kann, stellt er eine Opportunity für den Vertrieb dar. Diese Leads werden in Unternehmen, die über eigene Vertriebskanäle verfügen, an den Vertrieb übergeben. In Unternehmen, die ihre Produkte über den Handel vertreiben, wird dieser Schritt (die Bearbeitung von Opportunities durch den Vertrieb) durch POS-Maßnahmen (z. B. Verkaufsförderungsaktionen) „ersetzt".

2.5 Definition der Teilziele für jede Phase der Customer Journey

Eine der größten Herausforderungen im (Digitalen) Marketing ist die Erfolgsmessung. Als Ergänzung zu Attributionsmodellen empfehlen wir hier eine pragmatische Vorgehensweise: für jede Phase der Customer Journey werden Teilziele definiert, die als Maßstab zur Beurteilung des Erfolgs der einzelnen Kommunikationsmaßnahmen herangezogen werden. Dazu ist ein klares Verständnis erforderlich, was der (potenzielle) Kunde in den einzelnen Phasen der Customer Journey macht. Das hilft Ihnen zu klären, welches Verhalten Sie bei (potenziellen) Kunden erreichen müssen, damit Ihr Unternehmen in der nächsten Phase berücksichtigt wird.

Die Definition der Teilziele erfolgt dabei nach folgender Logik (vgl. Tab. 2.5), die hier am Beispiel des Kaufs eines E-Bikes veranschaulicht werden soll.

In der **Aware-Phase** entsteht beim Kunden der Wunsch nach einem E-Bike (Kundenperspektive); die Aufgabe des Unternehmens ist es hier, Produktinteresse zu wecken und die eigene Marke bekanntzumachen (Teilziel). Erreicht werden kann das mit Werbebotschaften über Paid Media (z. B. Keyword-Advertising, Werbung über Social Media). Das Unternehmen muss in dieser Phase sicherstellen, dass potenzielle Interessenten mit der eigenen Werbebotschaft in Kontakt kommen (Key Result). Nur so kann sichergestellt werden, dass das eigene Unternehmen in der nächsten Phase der Customer Journey – der **Appeal-Phase** – berücksichtigt wird; in dieser Phase verschafft sich der Interessent einen Überblick über die für ihn relevanten Marken. Hier ist es das Ziel des Unternehmens, die eigene Marke als attraktive Alternative im „Relevant Set" (der Anzahl der grundsätzlich in Frage kommenden Angebote) des Interessenten zu verankern. Dazu soll sichergestellt werden, dass der Interessent den YouTube-Kanal des Unternehmens besucht. Der Besuch der Social-Media-Präsenz ist das Key Result, das in dieser Phase erreicht werden muss, damit der Kunde das Unternehmen in der nächsten Phase seiner Customer Journey – der **Ask-Phase** – berücksichtigt. In dieser informiert sich der Kunde nur noch über jene Marken, die er in der

Tab. 2.5 Definition von Teilzielen am Beispiel Kauf eines E-Bikes

Phasen	Kundenperspektive	Teilziel	Angestrebtes Key Result
Aware	- Wunsch nach einem E-Bike	- Produktinteresse wecken & Marke bekannt machen	- Kontakt mit Werbebotschaft
Appeal	- Kunde verschafft sich Überblick über relevante Marken	- Eigene Marke im Relevant Set verankern	- Besuch der Social-Media-Präsenz
Ask	- Kunde informiert sich über verschiedene Alternativen	- Kundenkontakte generieren	- Download von Info-Material
Act	- Kunde kauf E-Bike im Geschäft	- Entscheidung für eigenes Produkt	- Kaufabschluss
Advocate	- Kunde nimmt Service-Leistungen in Anspruch	- Bindung des Kunden an Unternehmen	- Online-Registrierung
	- Kunde empfiehlt das Unternehmen weiter	- Aktive Weiterempfehlung	- Positive Rezensionen

Quelle: Verfasser

Appeal-Phase als attraktiv eingeschätzt hat. Das Ziel des Unternehmens in dieser Phase ist es, Kundenkontakte zu generieren. Das angestrebte Key Result ist der Download von Informationsmaterialien auf der eigenen Website. Wenn der Kunde sich dann in der **Act-Phase** im Geschäft für ein E-Bike entscheidet (der First-Moment-of-Truth), dann sollte die Entscheidung zugunsten des eigenen Produkts ausfallen, das Key Result ist hier klarerweise der Kaufabschluss. In der abschließenden Nachkaufphase (**Advocate-Phase**) nimmt der Kunde Serviceleistungen in Anspruch und empfiehlt das Unternehmen im besten Fall aktiv weiter. Ein mögliches Teilziel könnte hier die Bindung des Kunden an das Unternehmen sein, was durch eine Online-Registrierung des E-Bikes (Key Result) erreicht werden soll. Die aktive Weiterempfehlung wiederum stellt das letzte Teilziel dar, das durch positive Onlinerezensionen (Key Result) erreicht werden soll.

Mit der skizzierten Vorgehensweise soll Klarheit darüber gewonnen werden, welche Key Results in jeder Phase der Customer Journey erreicht werden müssen, damit der Interessent das Unternehmen in seiner Customer Journey weiter berücksichtigt. Im nächsten Schritt muss für jede dieser Phasen festgelegt werden, welche Maßnahmen an welchen Touchpoints dazu nötig sind und mit welchen Kennzahlen sie gemessen werden können.

> **Ihr Transfer in die Praxis**
> - Der Startpunkt für die Entwicklung Ihrer Digital Marketing Roadmap sind Ihre Buyer Personas. Starten Sie hier „klein" – entwickeln Sie nicht sofort für alle Zielgruppen Buyer Personas, sondern priorisieren Sie Ihre Zielgruppen.
> - Erarbeiten Sie für diese Buyer Personas die Customer Journey und identifizieren Sie Gain- und Pain-Points: An welchen Touchpoints erfüllen Sie die Anforderungen Ihrer Kunden besonders gut und wo erfüllen Sie deren Erwartungen nicht?
> - Führen Sie für die Erstellung von Buyer Personas und Customer Journeys Interviews mit Kunden. Besonders wertvoll sind auch Informationen von Kunden, die sich am Ende doch nicht für Ihr Angebot entschieden haben. So können Sie Kaufhindernisse und Probleme identifizieren.
> - Die bei der Analyse der Customer Journey gewonnenen Informationen sind eine wichtige Grundlage für die Planung ihrer Kommunikations- und Vertriebsaktivitäten. Definieren Sie für jede Phase der Customer Journey Teilziele und Key Results.

Literatur

Backhaus, K., & Voeth, M. (2014). *Industriegütermarketing. Grundlagen des Business-to-Business-Marketings* (10. Aufl.). Vahlen.

Blackshaw, P. (2006). *The third moment of truth*. ClickZ. https://www.clickz.com/the-third-moment-of-truth/67161/. Zugegriffen am 20.12.2021.

CEB. (2012). *The digital evolution in B2B marketing*. The Corporate Executive Board Company. https://www.thinkwithgoogle.com/intl/de-de/zukunft-des-marketings/digitale-transformation/die-digitale-evolution-im-b2b-marketing/. Zugegriffen am 21.12.2021.

Cundari, A. (2015). *Customer-centric marketing. Build relationships, create advocates and influence your customers.* John Wiley & Sons.

Google. (2011a). *The zero moment of truth finance study – Insurance*. Google/Shopper Sciences, U.S. April 2011. https://www.thinkwithgoogle.com/intl/de-de/insights/customer-journey/der-zero-moment-of-truth-an-dem-der-

kunde-bedarf-feststellt-und-produkte-zu-suchen-beginnt-bei-versicherungen-studie/. Zugegriffen am 21.12.2021.
Google. (2011b). *The zero moment of truth automotive study*. Google/Shopper Sciences, U.S. April 2011. https://www.thinkwithgoogle.com/intl/de-de/insights/customer-journey/der-zero-moment-of-truth-an-dem-der-kunde-seinen-bedarf-feststellt-und-produkte-zu-suchen-beginnt-bei-kraftfahrzeugen-studie/. Zugegriffen am 21.12.2021.
Hornbach Meisterschmiede. (o. J.). https://www.hornbach.at/projekte/alle-videos-fuer-dein-projekt/. Zugegriffen am 14.01.2022.
Lecinski, J. (2011). *ZMOT: Winning the zero moment of truth*. Google.
Mammut Project 360. (o. J.). https://project360.mammut.com/#home. Zugegriffen am 14.01.2022.
Raab, G., Unger, A., & Unger, F. (2010). *Marktpsychologie. Grundlagen und Anwendung* (3. Aufl.). Gabler Verlag.
Sauerwein, E. (2000). *Das Kano-Modell der Kundenzufriedenheit. Reliabilität und Validität einer Methode zur Klassifizierung von Produkteigenschaften*. Springer Fachmedien.
Schlömer, B. (2019). *Inbound! Das Handbuch für modernes Marketing*. Rheinwerk.

3

Step 2: Konzeptentwicklung

> **Was Sie aus diesem Kapitel mitnehmen**
>
> - Welche Kontaktpunkte zielführend für Ihre Kommunikationsmaßnahmen eingesetzt werden können
> - Wie Sie dem Problem der Ressourcenknappheit in der Unternehmenskommunikation ein für alle Mal Lebewohl sagen
> - Welche Inhalte Sie für die Kommunikation nutzen können und wie Sie bei der Planung und Durchführung der Kommunikationsmaßnahmen vorgehen können (Abb. 3.1)

Die Konzeptentwicklung ist durch die Auswahl der Touchpoints und die Definition von Maßnahmen und Content gekennzeichnet. Bei der Auswahl der Kontaktpunkte ist es wichtig, dass Sie jene auswählen, die für Ihre Kunden oder potenziellen Kunden relevant erscheinen. Aus unternehmensinterner Sicht ist es aber auch von Bedeutung, dass Sie Touchpoints auswählen, die mit den vorhandenen Ressourcen gut bearbeitbar sind und sowohl mit der Unternehmensstruktur, als auch mit dem Unternehmensumfeld vereinbar sind. Bei der Definition von Maßnahmen und

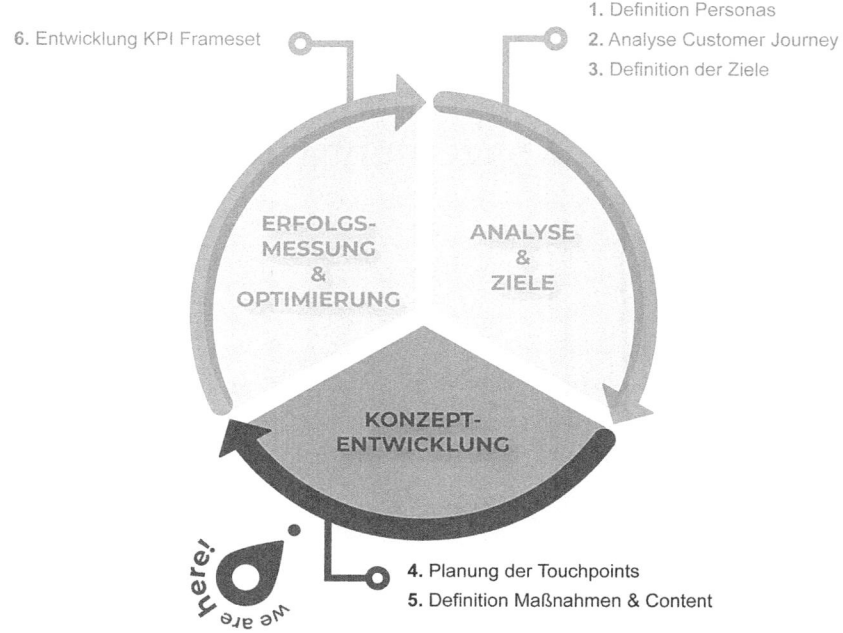

Abb. 3.1 Konzeptentwicklung

Content geht es darum festzulegen, welche Art von Inhalten über die gewählten Touchpoints ausgespielt wird. Neben klassischen und modernen Werbeformen kann das sogenannte Content Marketing in diesem Zusammenhang zielführend eingesetzt werden.

3.1 Auswahl der Touchpoints

Als Customer Touchpoints bzw. Touchpoints werden alle Kontaktpunkte bezeichnet, die Eindrücke bei Kunden hinterlassen und durch welche die Beziehung mit dem Unternehmen, dem Produkt der Dienstleistung oder der Marke wahrgenommen wird. Jene Kontaktpunkte können sehr vielfältig ausgestaltet sein und werden durch unterschiedliche Arten der verbalen oder nonverbalen Kommunikation erlebt. Nicht zuletzt durch die Chancen und Möglichkeiten, die mit dem zunehmenden Digitalisierungsgrad einhergehen, gestaltet sich die Reise der Kunden durch den Kaufprozess steigend individuell (Halb & Seebacher, 2021).

Wie eine Reihe an wissenschaftlichen Studien belegt, kann die Auswahl der richtigen Touchpoints das Erreichen diverser unternehmerischer Ziele erheblich unterstützen. So konnte beispielsweise gezeigt werden, dass die Wahrnehmung und die Häufigkeit des Auftretens verschiedener Touchpoints großen Einfluss auf die Berücksichtigung von Unternehmen und Marken im Entscheidungs- und- Kaufprozess haben (Baxendale et al., 2015). Dieser Effekt konnte nicht nur in der Vermarktung von Produkten, sondern insbesondere auch im Bereich der Service-Dienstleistungen nachgewiesen werden (Clatworthy, 2011). Obwohl physische Touchpoints wie Plakate, Radio- oder Fernsehwerbung noch immer genutzt werden, um die gewünschten Zielgruppen zu erreichen, steigt über viele Branchen hinweg auch die Nutzung digitaler Touchpoints wie Webseiten, Social-Media-Seiten oder Chatbots[1] stetig an (Straker et al., 2015). Beim Umgang mit und bei der Auswahl von richtigen Touchpoints ist es aber in erster Linie wichtig, die Welt aus der Perspektive der Kunden wahrzunehmen (Maechler et al., 2016).

> **Wichtig**
>
> **Marketing** findet immer dann statt, wenn das Unternehmen den Markt **berührt**
>   (Guetz, 2021)

Zur Kategorisierung unterschiedlicher Touchpoints haben sich mehrere Klassifizierungssysteme durchgesetzt. Einerseits kann zwischen **digitalen** und **physischen Touchpoints** unterschieden werden. Zu den physischen Touchpoints zählen z. B. Radio-, Print-, und Außen-Werbung, Empfehlungen, das Geschäft bzw. die Filiale selbst, oder Produktbeilagen. Die digitalen Touchpoints sind hingegen durch den Einsatz moderner Technologien gekennzeichnet. Dazu zählen z. B. soziale Medien,

---

[1] Chatbots sind Programme, die mit Hilfe von künstlicher Intelligenz menschliche Konversation nachahmen (Ranoliya et al., 2017).

die Unternehmenswebseite, Onlinewerbung oder Newsletter-Mailings (Kruse Brandão & Wolfram, 2018). Abb. 3.2 stellt die Verteilung der unterschiedlichen Touchpoints entlang der Customer Journey schematisch dar. Hier handelt es sich um eine Kundin, die durch PR, Radio-, Print-, und Außen-Werbung, über Suchmaschinenwerbung (SEA)[2] sowie Werbung auf Social-Media-Kanälen auf das Unternehmen, das Produkt, die Marke oder die Dienstleistung aufmerksam wird. In der Appeal-Phase wird das Unternehmen in den weiteren Entscheidungsprozess miteinbezogen, indem eine Empfehlung durch einen Stammkunden ausgesprochen wird und die Social-Media-Kanäle Facebook und YouTube die Kundin von der Professionalität und Einzigartigkeit des Unternehmens überzeugen. In der Ask-Phase sucht sie aktiv online, über die Corporate Website des Unternehmens nach attraktiven E-Bike-Marken, hat aber auch die Möglichkeit, sich im Geschäft bzw. der Filiale zu informieren. Die bisher gesammelten Informationen überzeugen sie vom Kauf, welchen sie direkt in der Filiale oder über den Onlineshop des Unternehmens durchführen kann. Nach dem Kauf stehen ihr Call-Center und die Onlinecommunity zur Verfügung. Darüber hinaus hilft ihr die Anmeldung zum unternehmensinternen Newsletter dabei, stets über aktuelle Trends, Rabatte und Aktionen informiert zu bleiben. Die durchdachten Produktbeilagen, Emails und Stammkundenangebote überzeugen sie, auch langfristig die richtige Entscheidung getroffen zu haben und machen sie im Idealfall sogar selbst zur Stammkundin, die das Unternehmen gerne weiterempfiehlt.

Neben der Unterscheidung zwischen digitalen und physischen Touchpoints besteht noch eine weitere Klassifizierung der Kontaktpunkte hinsichtlich ihrer Steuerungsmöglichkeit und Kostenstruktur. Hier wird zwischen Owned, Paid, Managed und Earned Tochpoints unterschieden:[3]

---

[2] SEA steht für Search Engine Advertising. Bei dieser Werbeform wird die Reihung der Eigenen Webseite durch Geldgebote an den Betreiber der Suchmaschine bessergestellt (Feng & Lei, 2019).
[3] Häufig findet man neben owned, paid, managed und earned Touchpoints auch den Begriff Shared Touchpoints. Hier handelt es sich um Inhalte die geteilt werden wie z. B. Bewertungen, Berichte, Videos, Blogbeiträge oder Artikel. Da sich jene Kontaktpunkte aber ohnehin in den dargestellten Kategorien finden lassen, wird auf die separate Darstellung von Shared Touchpoints verzichtet.

3 Step 2: Konzeptentwicklung   47

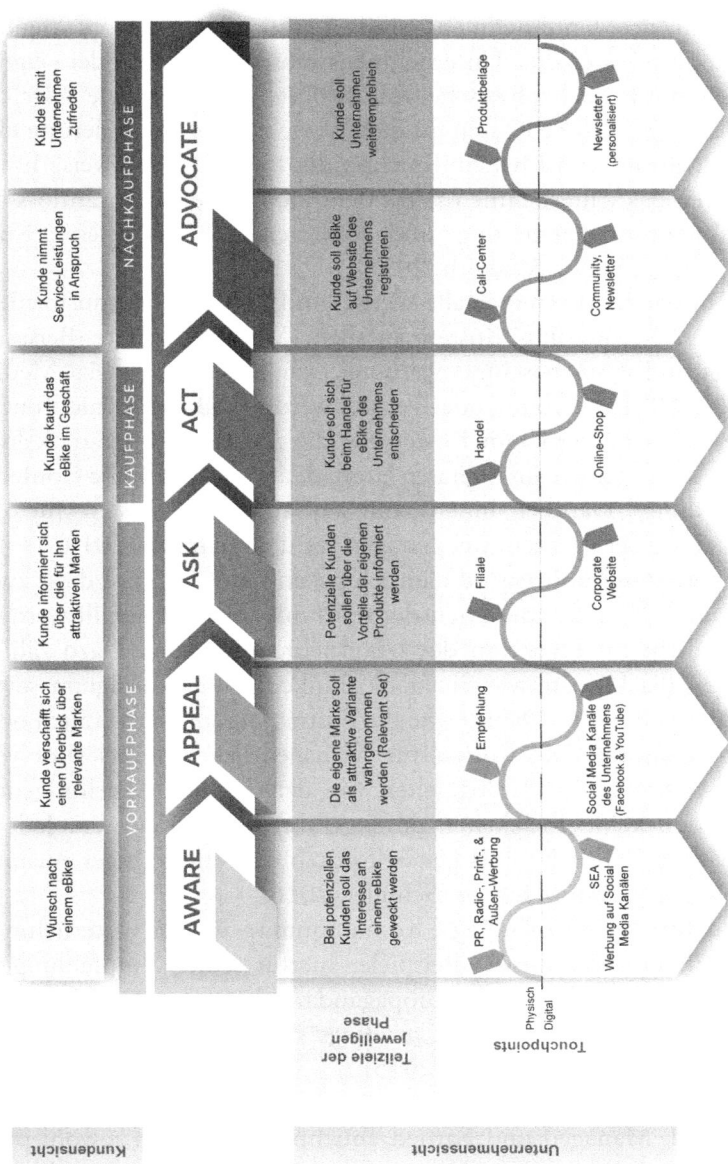

Abb. 3.2 Touchpoints entlang der Customer Journey

- **Owned Touchpoints** sind jene Kontaktpunkte, die vollkommen im Eigentum des Unternehmens sind. Dazu zählen sowohl digitale Touchpoints wie die Unternehmenswebseite, Apps oder eigene Blogseiten, als auch physische Touchpoints wie die Filiale oder das Kundenmagazin. Die Kosten für die Entwicklung, Aktualisierung und Instandhaltung von Owned Touchpoints sind vergleichsweise hoch. Dafür hat das Unternehmen selbst den höchstmöglichen Einfluss bei der Gestaltung, Steuerung und Weiterentwicklung dieser Kontaktpunkte (Chaffey & Smith, 2017).
- **Paid Touchpoints** vereinen alle Werbe- und Kommunikationsformen, für deren Verbreitung Kosten anfallen. Weit verbreitete Beispiele hierfür sind Suchmaschinenwerbung, Online- und Social-Media-Werbung, Plakatwerbung oder Fernsehwerbung. Bei den Paid Touchpoints fallen häufig kaum Kosten für die Aktualisierung an. Jedoch steigen, insbesondere im digitalen Umfeld, die Kosten für die Content-Entwicklung. Darüber hinaus müssen auch die Kosten für die Ausspielung der Werbemittel getragen werden (Schmitt, 2019).
- **Managed Touchpoints** sind dadurch gekennzeichnet, dass diese zwar vom Unternehmen (oder Dienstleistern) mit Inhalten befüllt werden, jedoch nicht im Eigentum des Unternehmens stehen. Dazu zählen Social-Media-Dienste wie Facebook, LinkedIn oder Instagram sowie kostenlose physische Dienste wie die Eintragung im Telefonbuch oder Branchenregister. Die Kosten für Managed Touchpoints sind vergleichsweise niedrig, da abgesehen von der Content-Erstellung und Publikation keine Tätigkeiten durchgeführt werden müssen. Jedoch sind Managed Touchpoints generell durch ein sehr geringes Ausmaß an Kontrolle gekennzeichnet (Schüller, 2016).
- **Earned Touchpoints** sind jene Kontaktpunkte, die das Unternehmen nicht direkt beeinflusst. Beispiele hierfür sind Empfehlungen, Produktbewertungen, Mundpropaganda, elektronische Mundpropaganda sowie Erwähnungen in Blogs oder alternativen Informationsmedien (Baxendale et al., 2015).

Owned, Paid, Managed und Earned Touchpoints können sowohl physisch, als auch digital ausgestaltet sein. Unterschiede gibt es aus Unternehmenssicht jedoch hinsichtlich des Grades der Einflussnahme. Während Owned Touchpoints im Eigentum des Unternehmens stehen und damit vollkommen der Kontrolle des Unternehmens unterliegen, wird dieser Einfluss bei den Paid Touchpoints bereits deutlich geringer. Bei den Managed Touchpoints nimmt der mögliche Beeinflussungsgrad sogar noch stärker ab, bis dieser bei den Earned Touchpoints beinahe vollkommen verschwindet. Ein Beispiel für einen Owned Touchpoint wäre in diesem Zusammenhang die Unternehmenswebseite. Hier kann das Unternehmen selbst bestimmen, welche Inhalte, in welcher Form, zu welchem Zeitpunkt zur Verfügung gestellt werden. Bei den Paid Touchpoints, exemplarisch bei einer bezahlten Einschaltung auf sozialen Medien, kann das Unternehmen zwar über einige graphische und textuelle Bestandteile sowie die Zielgruppen-Auswahl bestimmen, ist aber immer an die Vorgaben und das Layout des Social-Media-Dienstes gebunden. Die Managed Touchpoint – z. B. ein organischer Social-Media-Post – sind häufig mit noch mehr Einschränkungen wie etwa dem Kontrollverlust hinsichtlich der Zielgruppenauswahl verbunden. Abschließend werden die Earned Touchpoints in der Regel von Personen außerhalb des Unternehmens erstellt und entziehen sich daher häufig vollkommen der Steuerung durch das Unternehmen. In Tab. 3.1 sind die Touchpointkategorien hinsichtlich ihrer individuellen Merkmale gegenübergestellt.

Bei den Owned Touchpoints fallen häufig Kosten für die Erstellung und Instandhaltung an. Die Paid Touchpoints sind dadurch gekennzeichnet, dass Kosten für deren Distribution und in der Regel auch für deren Produktion anfallen. Im Gegensatz dazu müssen bei den Managed Touchpoints zumindest Ressourcen für die Erstellung der Inhalte berücksichtigt werden. Die Earned Touchpoints sind auf den ersten Blick mit keinerlei Kosten verbunden. Trotzdem können aber auch hier versteckte Kosten (z. B. für die Bereitstellung der Bewertungsplattform) und erhöhter Ressourcenaufwand (z. B. für die Reaktion auf Kommentare) anfallen. Obwohl hier keine allgemein gültige Grundregel aufgestellt werden kann, ist häufig zu beobachten, dass die Owned Touchpoints die höchsten Kosten verursachen und die Kosten mit der Verringerung der Einflussnahme bei Paid, Managed und Shared Touchpoints kontinuierlich sinken.

Das Ziel des Unternehmens bei der Ausgestaltung der unterschiedlichen Touchpoints ist es, sowohl die Zufriedenheit, als auch das Ver-

Tab. 3.1 Touchpointkategorien und Merkmale

Touchpoint-kategorie	Owned Touchpoint	Paid Touchpoint	Managed Touchpoint	Earned Touchpoint
Digitaler Touchpoint*	Unternehmenswebseite	Display- & Bannerwerbung	Organischer Social Media Post	Digitale Produktbewertung
Physischer Touchpoint*	Firmengebäude	Messestand	Eintrag im Branchenregister	Mundpropaganda
Grad der Einflussnahme	Hoch	Mittel	Gering	Sehr gering

*Beispiel

trauen der Kunden in das Unternehmen zu erhöhen. Darüber hinaus ist es für den langfristigen Unternehmenserfolg bedeutsam, sich bei der Touchpoint-Entwicklung in die Kunden hineinzuversetzen, um eine Verbindung zwischen der potenziellen Zielgruppe und dem Unternehmen auf emotionaler Ebene sicherzustellen (Schüller, 2012). Die Frage, die an dieser Stelle noch offenbleibt, ist, wann welcher Touchpoint eingesetzt werden soll. Die Antwort darauf findet sich bereits im vorangegangenen Kapitel: Es kommt auf die Buyer Persona, deren Informationsbedürfnisse und Customer Journey an.

> Welche Touchpoints eingesetzt werden müssen, wird aus der Skizze der Buyer Persona abgeleitet.

Jede Buyer Persona wird sich individuell durch den Kaufprozess bewegen. Um diese individuelle Reise zu skizzieren, ist es in einem ersten Schritt vorteilhaft, sich die Personas bzw. die Persona noch einmal vor Augen zu führen und die Reise entlang der Customer Journey für jede Persona abzubilden. Abb. 3.3 skizziert beispielhaft die individuelle Reise von zwei Buyer Personas durch die Customer Journey. Persona A wird durch einen Zeitungsbericht (PR) auf das Unternehmen aufmerksam, folgt dem Facebook-Profil des Unternehmens, baut dadurch Vertrauen zur Marke auf und zieht diese in ihren produktspezifischen Entscheidungsprozess mit ein. Die aktive Auseinandersetzung mit den Produkten und Produktspezifika der Marke findet über die Corporate Website statt, über welche auch der Kauf getätigt wird. Nach dem Kauf wird Persona A per Telefon (Call-Center) hinsichtlich der empfundenen Zufriedenheit mit Produkt- und Serviceleistungen befragt und erhält personalisierte Email-Newsletter, welche exakt auf die Bedürfnisse von Persona A zugeschnitten sind. Die relevanten Touchpoints sind hier die Printmedien, Facebook, die Unternehmenswebseite, das Call-Center, der Newsletter und inkludierte Angebote für Stammkunden. Persona B hat hingegen eine andere individuelle Reise durch den Kaufprozess. Sie wird durch Werbung auf Social-Media-Kanälen auf das Unternehmen aufmerksam, erhält eine persönliche Empfehlung und informiert sich in der Filiale, wo auch der Kauf getätigt wird. Bei Fragen steht ihr die Online-

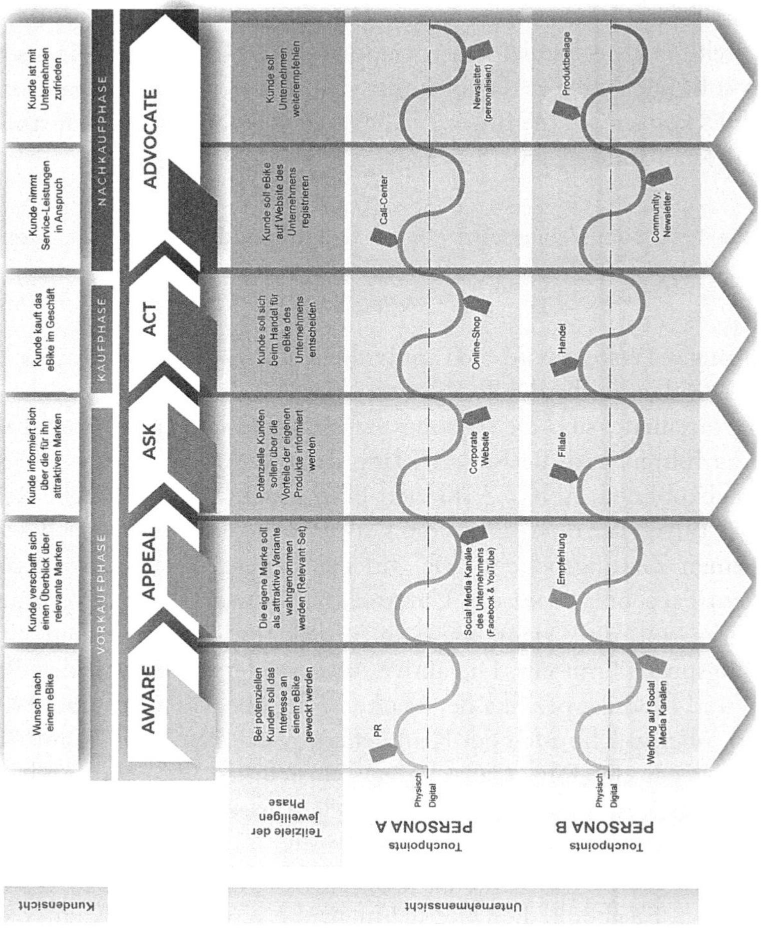

Abb. 3.3 Die individuelle Reise durch die Customer Journey

community zur Verfügung. Sie meldet sich darüber hinaus für den Unternehmensnewsletter an. Angebote für Stammkunden, welche als Produktbeilagen mitgeliefert wurden, überzeugen Persona B, die richtige Entscheidung getroffen zu haben und stärken die Loyalität. Die relevanten Touchpoints sind hier die Werbung auf Social-Media-Kanälen, die Empfehlung, die Filiale, die Onlinecommunity und der Unternehmensnewsletter sowie Produktbeilagen und Stammkundenangebote.

Bei der Zusammenführung von Touchpoints und Customer Journey stehen die Kunden und deren Bedürfnisse an erster Stelle. Trotzdem führt die auftretende Knappheit von Ressourcen dazu, dass häufig nicht alle relevanten Kontaktpunkte bedient werden können. Aus diesem Grund sollten die unterschiedlichen skizzierten Personas nach Prioritäten geordnet werden. Beginnen Sie damit, sich zu überlegen, welche Ihrer Personas unbedingt erreicht werden muss. Hier kann es sich um die personenstärkste Kundengruppe handeln, die Ihre Persona repräsentiert, das Kundensegment, welches heute bereits den Großteil Ihrer Stammkunden repräsentiert, oder ein komplett neues Segment, welches Sie für sich gewinnen wollen. Unabhängig davon, wofür Sie sich entscheiden, sollte Ihre Entscheidung unbedingt mit Ihren strategischen Unternehmenszielen in Einklang stehen. Haben Sie mehrere Personas skizziert, beginnen Sie also mit dem Touchpoint-Management für jene Gruppe, die Ihnen am relevantesten erscheint. Wenn Sie Ihre Entscheidung getroffen haben, dann skizzieren Sie die Reise Ihrer Persona durch den Kaufprozess. Achten Sie darauf, dass an allen relevanten Entscheidungspunkten zumindest ein Touchpoint vorhanden ist. Dieser Touchpoint muss in jedem Fall bespielt werden, damit Sie Ihre Kunden nicht irgendwo auf der Reise verlieren, oder diese die Reise gar nicht antreten können, da das Bewusstsein über das Unternehmen, das Produkt, die Dienstleistung oder die Marke nicht geschaffen wurde. Haben Sie in einer relevanten Phase mehrere Kontaktpunkte definiert, die Sie aber nicht effizient bespielen können, dann entscheiden Sie sich für jene Touchpoints, die für Ihre (potenziellen) Kunden am relevantesten erscheinen und mit möglichst geringem Aufwand stetig betrieben und weiterentwickelt werden können.

Neben der möglichst einfachen Bearbeitung der Kontaktpunkte müssen diese aber auch zum Unternehmen, zur Unternehmensstruktur und zum Unternehmensumfeld passen. In sehr vielen Fällen ergibt sich diese Übereinstimmung ohnehin durch das Zusammenspiel von Buyer Persona und Customer Journey. Insbesondere bei der Ansprache von potenziellen Zielgruppen kann es aber auch zu Inkonsistenzen zwischen Touchpoint, Unternehmensstruktur und Unternehmensumfeld kommen.

> **Beispiel**
>
> Ein Traditionsbetrieb möchte seine Zielgruppe erweitern und bei den ganz Jungen ansetzen. Die Geschäftsführerin des Unternehmens hat vor kurzem gelesen, dass TikTok das Social-Media-Portal für die Generation Z ist und überlegt sich, ob die Unternehmenspräsenz auf TikTok nicht dabei helfen könnte diese – in einigen Jahren – attraktive Zielgruppe auf das Unternehmen aufmerksam zu machen. Sie engagiert eine Werbeagentur, welche kurze Videos für die Plattform macht und diese kontinuierlich ausspielt. Leider bleibt der erhoffte Erfolg aus.
> *Warum hat der Touchpoint TikTok für das Traditionsunternehmen nicht funktioniert?*
>
> a. Die interne **Unternehmensstruktur** – also Mitarbeiter und Prozesse – waren nicht auf ein modernes Medium ausgerichtet und konnten die Inhalte des Touchpoints nicht glaubwürdig nach außen transportieren.
> b. Das **Unternehmensumfeld** – die (derzeitigen) Kunden – waren nicht auf den neuen Touchpoint eingestellt und zu starr, um sich flexibel den Neuerungen anzupassen.

Wie dieses Beispiel zeigt, gibt es neben den Buyer Personas durchaus noch weitere Faktoren die bei der Auswahl relevanter Touchpoints eine Rolle spielen können und daher beachtet werden sollten. Haben Sie die erfolgversprechendsten Touchpoints ausgewählt, so geht es nun darum zu entscheiden, wie Sie mit den ausgewählten Touchpoints umgehen und welche Inhalte Sie für Ihre Kunden bereitstellen wollen. Wie Sie dabei vorgehen können, erfahren Sie in Abschn. 3.2 Definition von Maßnahmen & Content.

So hängen Buyer Persona, Customer Journey und Touchpoints zusammen

Buyer Personas sind Skizzen von derzeitigen oder potenziellen Kunden, welche Informationen darüber enthalten, wie sich die Personas durch den Kaufprozess entlang der Customer Journey bewegen. Jene Skizzen geben uns Aufschluss darüber, welche Touchpoints wir auswählen müssen, um mit den Kunden in der jeweiligen Phase der Customer Journey in Kontakt zu treten.

3.2 Definition von Maßnahmen und Content

Um mit Kunden in Kontakt zu treten, haben sich unterschiedliche Arten und Formen der Kommunikation etabliert. Während das sogenannte **Outbound Marketing** dadurch gekennzeichnet ist, dass das Unternehmen mit Hilfe von Werbung, unternehmens- und produktspezifischen Inhalten auf sich aufmerksam zu machen versucht, ist **Inbound Marketing** dadurch gekennzeichnet, dass Kunden die bereitgestellten Informationen als derart relevant erachten, dass sie dem Unternehmen oder der Marke aus Eigeninteresse folgen (Rancati et al., 2015). Häufig reicht es nicht aus, sich nur auf eine dieser beiden Strategien zu fokussieren, um die ganzheitliche Reise der Kunden entlang der Customer Journey abzubilden. Die Herausforderung besteht darin, die richtige Balance zwischen Outbound (z. B. Werbung) und Inbound (z. B. Ratgeber) Maßnahmen zu finden (Dakouan et al., 2019).

3.2.1 Kommunikation an den relevanten Touchpoints

Generell stehen Ihnen 4 unterschiedliche Kommunikationskategorien zur Verfügung, um Ihre Kunden an den gewünschten Touchpoints zu erreichen. Dazu zählen vielfältige Arten der **Mediawerbung** wie TV-Werbung, Radiowerbung oder Werbung in Printmedien. Im Gegensatz dazu werden Kommunikationsformen wie Sponsoring, Direct Marketing oder Event-Marketing einer Kategorie zugeordnet, welche als **Below-the-Line-Kommunikation** bezeichnet wird. **Online Kommunikation** beinhaltet alle Kommunikationsformen, die in Zusammenhang mit dem Internet stehen. Dazu zählen insbesondere die Kommunikation und Interaktion über die Unternehmenswebseite, Banner- und Displaywerbung, Suchmaschinenwerbung, Newsletter-Marketing und Social-Media-Werbung. Abschließend bietet die **persönliche Kommunikation** zwischen Menschen noch immer eine Reihe von Vorteilen gegenüber den vorangegangenen Kommunikationsformen, wobei auch hier technische Hilfsmittel wie Hotlines oder Webinarsoftware unterstützend eingesetzt werden können (Walsh et al., 2019).

Auch abseits der offensichtlich beeinflussenden Kommunikationsformen haben Unternehmen die Möglichkeit, in unterschiedlichen Phasen der Customer Journey in Erscheinung zu treten. Hierbei unterstützen insbesondere die Bereiche Public Relations, Sales Promotions & Product Placement (Sander, 2019). **Public Relations** (PR) beschreiben in diesem Zusammenhang die Gesamtheit der unternehmerischen Pressearbeit. Im Gegensatz zu Werbung steht bei PR nicht das Produkt- oder Dienstleistungsangebot im Vordergrund. Vielmehr geht es hierbei beispielsweise um die Profilierung als Branchenexperte oder die Verbesserung des Unternehmensimages (Hoffjann, 2015). Als **Sales Promotions** werden alle verkaufsfördernden Maßnahmen bezeichnet, die zeitlich befristet sind und Kunden dazu bewegen sollen, die Produkte oder Dienstleistungen eines Unternehmens, in erhöhtem Maße zu konsumieren. Sales Promotions setzen damit häufig in einer späteren Phase der Customer Journey an und werden in jener Phase zum entscheidungsrelevanten Kriterium. Beispiele für Sales Promotions wären die Teilnahme an Messen, Veranstaltungen und Konferenzen, Informationen im Geschäft oder im Onlineshop, Angebote in Zusammenhang mit der Ware selbst (z. B. Coupons auf der Verpackung) oder temporal limitierte Rabatte (Esch, 2018). Werden hingegen Produkte, spezifische Dienstleistungen, Unternehmen oder Marken in Filmen, Videos, Radiosendungen, Podcasts oder Videospielen eingebettet, so spricht man von **Product Placement** (Gupta & Gould, 1997).

3.2.2 Content Marketing als Wegbegleiter durch die Customer Journey

Dass klassische Werbemittel und Kanäle dieser Tage immer mehr an Bedeutung verlieren, ist allgemein bekannt. Auch, dass dieser Effekt im Grunde auf die Digitalisierung zurückzuführen ist, scheint heutzutage kaum jemanden mehr zu verwundern (Rolke, 2010). Aber auch Onlinewerbung steckt gewissermaßen in der Krise. Hier spielen zwei essentielle Faktoren eine erhebliche Rolle. Zum einen führen die relativ kostengünstigen Möglichkeiten digitaler Werbung dazu, dass immer mehr Werbung geschaltet wird, und es dadurch immer schwerer fällt, aus der Masse hervorzustechen und von Kunden wahrgenommen zu werden. Darüber hinaus nimmt ein Großteil der digitalen Kunden Onlinewerbung als störend wahr. Dieser Effekt tritt insbesondere bei indiskreter oder unpassender Werbung, solcher die aufgrund von Retargetingkampagnen[4] geschalten oder automatisiert abgespielt wird (z. B. automatisierte Videowerbung) auf (Brand & Retail Management Institute, 2018).

Im digitalen Kontext hat in den vergangenen Jahren daher der Begriff Content Marketing immer stärker an Bedeutung gewonnen (Müller & Christandl, 2019). Beim Content Marketing handelt es sich um die Entwicklung, Ausgestaltung und Aussendung von Inhalten, die für potentielle Kunden relevant sein könnten (Vinerean, 2017). Vordergründig geht es hierbei darum, den Kunden Inhalte zu bieten, die sie nicht nur über das Angebot eines Unternehmens informieren, sondern auch bei der Lösung aktueller Probleme – sogenannten Pain Points – helfen (Dewi & Darma, 2019). Beispiele hierfür sind Ratgeber, Infografiken, Leitfäden, Anleitungen (sogenannte „How to Guides") oder White Papers[5] (Hilker, 2017a). Aus Kundensicht geht es hierbei darum, Hilfe bei Problemstellungen in der Vorkauf-, Kauf- sowie in der Nachkaufphase zu finden.

---

[4] Unter Retargeting wird ein sogenannter Nachverfolgungsprozess verstanden, bei welchem Besucher von Webseiten und/oder speziellen Produktseiten gezielt markiert und auch nach Verlassen der jeweiligen Seite mit Werbe- oder Produktinformationen versorgt werden. Dies geschieht unter anderem durch Display- oder Bannerwerbung auf Partnerwebseiten des Werbenetzwerks (Lambrecht & Tucker, 2013).

[5] Als Whitepaper wird ein Dokument bezeichnet, welches von einem Unternehmen veröffentlicht wird um bestimmte Produkt- oder- Dienstleistungsspezifika hervorzuheben und damit eine potentielle Problemlösung zu unterstützen (Hayes, 2021).

Tab. 3.2 gibt einen Überblick darüber, welche Pain Points beim E-Bike-Kauf im digitalen Umfeld auftreten können und wie Unternehmen mit Content gezielt auf jene Pain Points reagieren können.

Der Fahrradkauf in Tab. 3.2 ist natürlich nur eine plakative Darstellung und bildet den Kaufprozess nicht lückenlos ab. Trotzdem handelt es sich hierbei um ein einprägsames Beispiel dafür, wie Content Marketing in den unterschiedlichen Phasen der Customer Journey vorteilhaft eingesetzt werden kann. Content Marketing verfügt in vielerlei Hinsicht über eine Reihe von Vorteilen für Unternehmen. Dazu zählt in erster Linie die Vielseitigkeit der Inhalte (Löffler, 2014). Im Beispiel für den Fahrradkauf wurden die Unternehmenswebseite und eine Videoplattform als Touchpoints genutzt. Diese Kontaktpunkte alleine können als Behälter verstanden werden, welche jedoch erst mit relevanten Inhalten befüllt werden müssen, um Persona A durch die unterschiedlichen Phasen ihres individuellen Kaufprozesses zu begleiten. Der Content symbolisiert diesen Inhalt. In Tab. 3.2 sind demnach zwei Touchpoints, aber drei Content-Formate zu finden. Die Unternehmenswebseite und die Videoplattform repräsentieren die Kontaktpunkte, die Gegenüberstellung der Fahrradtype (sogenannte Listicles),[6] die Kundenbewertungen und die Support-Videos die Content-Formate.

> Als Content werden im Marketing jene Inhalte bezeichnet, die den Kunden an den unterschiedlichen Touchpoints zur Verfügung gestellt werden. Content Marketing zeichnet sich hingegen dadurch aus, dass nicht das Unternehmen oder die Produkte, sondern die Anliegen des Zielpublikums im Vordergrund stehen.

Generell lassen sich die unterschiedlichen Content-Arten in fünf Content-Formate kategorisieren. Dazu zählen **Textformate** wie Blogbeiträge, E-Books oder Kommentare, **Bild- und Grafikformate** wie Fotos, GIF(s) oder Infografiken, **Video- und Bewegtbildformate** wie Erklärvideos, Screencasts oder Webinare, **Audioformate** wie Werbespots, Newstalks

---

[6] Listicles sind Blogbeiträge, die durch eine Auflistung unterschiedlicher Merkmale – wie z. B. „Die 5 schönsten Reiseziele" oder „Die 5 außergewöhnlichsten Wissenschafter" – gekennzeichnet sind (Vijgen, 2014).

Tab. 3.2 Pain Points & Content beim E-Bike Kauf

Ausgangssituation	Das Fahrrad von Persona A ist schon in die Jahre gekommen. Bei jeder Ausfahrt bewundert sie die neuen E-Bike Modelle und die herausragenden Ausstattungsmerkmale über welche die Geräte der anderen Radfahrer auf ihren Ausflugsstrecken verfügen. Aus diesem Grund überlegt sie sich schon länger, ob die Anschaffung eines neuen E-Bikes nicht sinnvoll wäre. Jedoch treten bei der Reise von Persona A durch den Kaufprozess einige Hindernisse auf …	
Phase	**Vorkaufphase**	**Kaufphase/Entscheidungsphase**	**Nachkaufphase**
Pain Point	City-E-Bike, Commuter-E-Bike, E-MTB, E-Roadbike und Trekking-E-Bike sind nur einige der E-Bike-Typen, von denen Persona A in der Vergangenheit gehört hat. Bei der Vielzahl an unterschiedlichen Typen, Modellen und Ausstattungsmerkmalen verliert sie klarerweise schnell den Überblick und damit auch die Lust am Kauferlebnis.	Persona A ist vom Webseitenauftritt von Händler F bereits überzeugt. Sie hat sich für den Kauf eines Trekking-E-Bikes entschieden. Insgesamt haben es fünf Räder in die engere Auswahl geschafft. Nachdem der nächste Showroom des Händlers zu weit entfernt ist, um die Modelle vor Ort zu besichtigen, fällt es Persona A schwer, sich für ein bestimmtes Modell zu entscheiden.	Das Fahrrad wird vormoniert geliefert. Trotzdem müssen Bestandteile wie Pedale und Lenkstange noch montiert werden. Darüber hinaus wird auf der Verpackung noch darauf hingewiesen, dass auch die vormontierten Bestandteile noch einmal festgezogen werden sollten.

(Fortsetzung)

Tab. 3.2 (Fortsetzung)

Content	Um dieses Hindernis zu überwinden, reicht es wahrscheinlich aus, die unterschiedlichen Fahrradtypen auf der Webseite übersichtlich gegenüberzustellen. Wichtig ist es hierbei, die Fahrräder möglichst klar voneinander abzugrenzen, um die Entscheidung für oder gegen einen bestimmten Typen zu erleichtern.	Neben den Produktmerkmalen können Erfahrungsberichte bestehender Kunden dabei helfen, sich für ein bestimmtes Produkt zu entscheiden. Auch hier kann der geschriebene Erfahrungsbericht durch ein Bild oder ein kurzes Demonstrationsvideo unterstützt werden. Für Produktvideos, durch welche sich die Funktionalität der unterschiedlichen E-Bikes erleben lässt, eignet sich der Einsatz von Testimonials bzw. professionellen Radfahrer.	Als Unterstützung des Aufbaus von Produkten, haben sich in den vergangenen Jahren Videoaufbau-anleitungen durchgesetzt. Jene Anleitungen können relativ kostengünstig (ohne professionelles Equipment) hergestellt und auf diversen Videoplattformen oder der Eigenen Webseite hochgeladen werden.
Effekt	Persona A kennt die wesentlichen Ausprägungsmerkmale der unterschiedlichen E-Bike-Typen und fühlt sich hinsichtlich ihrer Fahrradwahl gut beraten. Sie verfügt nun über ausreichend Wissen hinsichtlich der unterschiedlichen Fahrradkomponenten um eine gute und auch technisch vertretbare Entscheidung hinsichtlich ihres Fahrradkaufes zu treffen.	Die Demonstrationsvideos haben Persona A bereits dabei geholfen, eine gedankliche Prioritätenliste zu erstellen. Die Bewertungen und Erfahrungsberichte von bestehenden Kunden haben im letzten Schritt dazu beigetragen, dass Persona A sich in ihrer Vorabentscheidung bestärkt fühlt. Sie hat versucht, Berichte von Personen zu finden, die ihrer Meinung nach ein ähnliches Fahr- und Gebrauchsverhalten aufweisen wie sie selbst. Dadurch kann sie eine Prognose hinsichtlich ihrer eigenen Produktwahrnehmung erstellen und vermindert die Wahrscheinlichkeit von Nachkaufdissonanzen[a]	Durch die Videoanleitung fällt es Persona A (die zuvor noch nie ein Fahrrad zusammengebaut hat) leicht, ihr neues Gefährt straßenfit zu machen. Jetzt, da sie schon deutlich mehr über die Zusammensetzung des Gerätes weiß, hat sie auch ein gutes Gefühl bei den ersten Ausfahrten und macht sich weniger Sorgen hinsichtlich defekter Teile oder Abnutzungserscheinungen.

[a] Nachkaufdissonanzen erzeugen nach dem Kauf Bedenken hinsichtlich der Korrektheit der Entscheidung zwischen unterschiedlichen Alternativen (Spreer, 2021)

oder Podcasts und **sonstige Formate**. Die sonstigen Formate repräsentieren jene Content-Formatgruppe, die derart divergent ist, dass sich ihre Bestandteile keiner der vorangegangenen vier Gruppen zuordnen lassen. Zu den sonstigen Content-Formaten zählen beispielsweise Umfragen, Produktvorstellungen oder Testberichte (Schauer-Bieche, 2019).

Content lässt sich allerdings nicht nur hinsichtlich des verwendeten Formates, sondern auch hinsichtlich der inhaltlichen Ausrichtung abgrenzen. Generell kann hier zwischen funktionalen und emotionalen sowie vordergründigen und tiefgründigen Inhalten unterschieden werden. Funktionale Inhalte informieren den Betrachter und bieten Neuigkeiten oder unterstützen den Wissenserwerb. Im Gegensatz dazu dienen emotionale Inhalte eher der Unterhaltung und Inspiration. Vordergründige Inhalte sind durch eine eher kurze Lebensdauer gekennzeichnet, tiefgründige Inhalte durch eine lange Lebensdauer. Aus der Kombination der vier Ausprägungsformen ergeben sich die folgenden inhaltlichen Kategorien: Funktional & vordergründig, funktional & tiefgründig, emotional & vordergründig sowie emotional & tiefgründig. Neuigkeiten und aktuelle Informationen sind häufig **funktional und vordergründig**. Im Gegensatz dazu gelten Inhalte, die zum Erwerb von Wissen beitragen und damit als Entscheidungs- und- Orientierungshilfe dienen, als **funktional und tiefgründig**. Soll kurzfristige Unterhaltung oder Spaß geboten werden, so ist die Ausgestaltung des Inhaltes **emotional und vordergründig**, während Inhalte, die eine Beziehung zur Zielgruppe aufbauen und Sympathie sowie Empathie des Unternehmens symbolisieren, häufig als **emotional und tiefgründig** wahrgenommen werden (Lange, 2015).

Bei der Vielzahl an unterschiedlichen inhaltlichen Formaten, stellt sich für die meisten Unternehmen auch an dieser Stelle wieder die Frage, welche Content-Formate verwendet werden sollen. Die Antwort darauf ist recht simpel: Es kommt auf die Buyer Persona, deren Bedürfnisse und Wünsche, Pain Points und die Touchpoints an. Von Bedeutung ist hier die klare Unterscheidung zwischen Touchpoint, Content-Format, inhaltlicher Ausrichtung und Inhalt. Tab. 3.3 stellt die unterschiedlichen Merkmale aus dem E-Bike-Kaufbeispiel inhaltlich gegenüber.

Für eine längerfristige Kommunikationsstrategie reicht die einmalige Produktion und Distribution von Inhalten natürlich nicht aus. Es han-

Tab. 3.3 Touchpoints und Content Merkmale beim E-Bike Kauf

Touchpoint	Content-Format	Inhaltliche Ausrichtung	Inhalt
Webseite	Text und Bild	Funktional & tiefgründig	Gegenüberstellung der unterschiedlichen E-Bike-Typen (Listicle).
Webseite	Text, Bild und Video	Funktional & tiefgründig	Erfahrungsbericht
Webseite	Video	Emotional & tiefgründig	Produktvideos
Videoplattform	Video	Funktional & tiefgründig	Aufbauanleitung

delt sich hierbei eher um einen zirkulären Prozess, bei welchem die Bestandteile Analyse, Konzept, Produktion & Distribution sowie Evaluation berücksichtigt werden sollten. Um von Anfang an ein umfassendes Gesamtbild über Ihr Content-Marketing-Konzept zu gestalten, versuchen Sie in den einzelnen Phasen, die folgenden Fragen zu beantworten (Hilker, 2017b):

1. **Analysephase**
   - Für welche Persona(s) werden die Inhalte gestaltet?
   - Welche Ziele verfolgen Sie mit dem Content?
   - Welche Themenbereiche sind relevant?
   - Mit welchen Phrasen/Keywords sucht die Persona nach den Inhalten?

2. **Konzeptionsphase**
   - Welche Touchpoints sollen verwendet werden?
   - Wie sollen Inhalt, Ausrichtung und Format gestaltet werden?
   - Wie sieht das Redaktionskonzept aus?

3. **Produktions- und Distributionsphase**
   - Wer produziert die Inhalte?
   - Wer veröffentlicht die Inhalte?
   - Welche Hilfsmittel können eingesetzt werden (z. B. Marketing Automation Software)?

4. **Evaluationsphase**

- Wie kann der Erfolg des Content-Marketing-Konzeptes gemessen werden?
- Wann ist der richtige Zeitpunkt zur Beurteilung des Erfolges oder Misserfolges?
- Wie kann das Konzept optimiert werden?

Als Bindeglied zwischen strategischer Planung und operativer Umsetzung der Content-Marketing-Strategie wird in der Regel ein Redaktionsplan erstellt, in welchem die vordefinierten Spezifikationen der Inhalte schriftlich festgehalten werden. Tab. 3.4 stellt beispielhaft einen Ausschnitt des Redaktionsplanes des E-Bike Verkäufers dar. In dieser Darstellung wird die Veröffentlichung eines Listicles sowie die Verbreitung des Inhaltes auf unterschiedlichen Plattformen dargestellt. Darüber hinaus startet eine neue Kampagne in welcher ein Blog-Artikel über ‚die schönsten Radrouten für einen romantischen Ausflug' beworben wird. Die erste Kampagne über die unterschiedlichen E-Bike-Typen startet am 31.8. und soll sowohl Persona A (z. B. den Privatkunden) als auch Persona B (z. B. den Geschäftskunden der Fahrräder für den hoteleigenen Fahrradverleih sucht) ansprechen. Mit der Kampagne will das Unternehmen die Reichweite erhöhen – also für mehr Bekanntheit sorgen. Die Key Words die voraussichtlich für die Suche nach dem Artikelinhalt verwendet werden inkludieren: ‚bikearten, fahrrad typen oder rad modelle'. Das Listicle wird zuerst auf der Unternehmenswebseite veröffentlicht, bevor kurz darauf mit der Werbung für den B2C Bereich (Facebook) und B2B Bereich (Linkedin) begonnen wird. Der Artikel selbst, soll zum Evergreen Content[7] werden und besticht durch Funktionalität und Tiefgründigkeit. Die Info-Postings auf den sozialen Medien sind hingegen eher als Newsbeitrag geplant und somit zwar auch funktional, aber eher vordergründig gestaltet. Mitarbeiterin A, die auch den Webseitenbeitrag erstellt hat, übernimmt die Produktion und Veröffentlichung des Facebook Postings. Nachdem Mitarbeiter B mehr Erfahrung in der B2B Kommunikation auf Linkedin hat, wird das entsprechende Linkedin Posting von ihm

---

[7] Unter Evergreen Content werden Inhalte verstanden die derart relevant und reichweitenstark sind, dass sie über einen langen Zeitraum immer wieder aufgerufen werden (De et al., 2013).

übernommen. Nachdem die Gegenüberstellung der unterschiedlichen E-Bike-Typen auf der Unternehmenswebseite veröffentlicht und mithilfe sozialer Medien beworben wurde, startet die nächste Kampagne bei welcher ein Blogartikel veröffentlicht und beworben werden soll.

Wie dieses Beispiel zeigt, muss die Kommunikationsstrategie nicht zwingend kompliziert angelegt werden. Durch eine gezielte und strukturierte Vorgehensweise ist es möglich, Kunden dort zu erreichen, wo sie nach Inhalten suchen und damit Antworten auf Fragen zu geben, die sie an das World Wide Web stellen. Content Marketing hilft Ihnen dabei, ins Bewusstsein Ihrer Zielgruppe zu gelangen, dort einen vorteilhaften, von Ihren Mitbewerbern abgegrenzten, Platz einzunehmen und damit langfristige Kommunikationserfolge zu erzielen.

3.2.3 Ganzheitliche Kommunikation entlang der Customer Journey

Um die ganzheitliche Kommunikation entlang der Customer Journey sicherzustellen, reicht es in den meisten Fällen nicht aus, sich auf eine bestimmte Touchpoint-Art zu fokussieren. Auch der gänzliche Verzicht auf Werbemaßnahmen und die Beschränkung auf Methoden des Content Marketings führt in der Regel nicht zum gewünschten Erfolg. Zielführend wirkt hier nur die ausgewogene Mischung aus Werbemaßnahmen und Content Marketing und damit die Planung und Distribution von Inhalten über Owned, Paid und Managed Touchpoints. Darüber hinaus sollte in dieser Phase auch auf die Balance zwischen Online- und Offline-Touchpoints geachtet werden.

Abb. 3.4 stellt die ganzheitliche Kommunikation unseres E-Bike-Produzenten entlang der Customer Journey schematisch dar. In der Awareness-Phase setzt der E-Bike-Produzent auf einen TV-Spot als physischen Kontaktpunkt, die digitale Bekanntheit versucht das Unternehmen mit kontinuierlichen Facebook-Postings sicherzustellen. In der Appeal-Phase versucht die Marke durch Konsumententestergebnisse, YouTube-Videos und Empfehlungen von Testimonials von sich zu überzeugen. In der Ask-Phase werden die potentiellen Kunden durch Fachberatung in der Filiale und/oder durch Empfehlung von Influencern über

Tab. 3.4 Redaktionsplan des E-Bike-Verkäufers (Ausschnitt)

VO Datum	31.8.	2.9.	2.9.	3.9.
Persona	A & B	A	B	A & B
Ziel	Reichweite	Reichweite	Reichweite	Engagement
Key Words	bikearten, fahrrad typen, rad modelle …	bikearten, fahrrad typen, rad modelle …	bikearten, fahrrad typen, rad modelle …	radtouren, ausflug, wochenendtrip …
Touchpoint	Webseite	Facebook	Linkedin	Webseite
Inhalt	Gegenüberstellung der unterschiedlichen E-Bike-Typen	Link zu: Gegenüberstellung der unterschiedlichen E-Bike-Typen	Link zu: Gegenüberstellung der unterschiedlichen E-Bike-Typen	Die schönsten Radrouten für einen romantischen Ausflug
Ausrichtung	Funktional & tiefgründig	Funktional & vordergründig	Funktional & vordergründig	Emotional & tiefgründig
Format	Text & Bild (Listicle)	Text und Link	Text und Link	Text & Bild (Blog)
Autor	Mitarbeiterin A	Mitarbeiterin A	Mitarbeiter B	Mitarbeiterin A
Editor	Mitarbeiterin A	Mitarbeiterin A	Mitarbeiter B	Mitarbeiter B

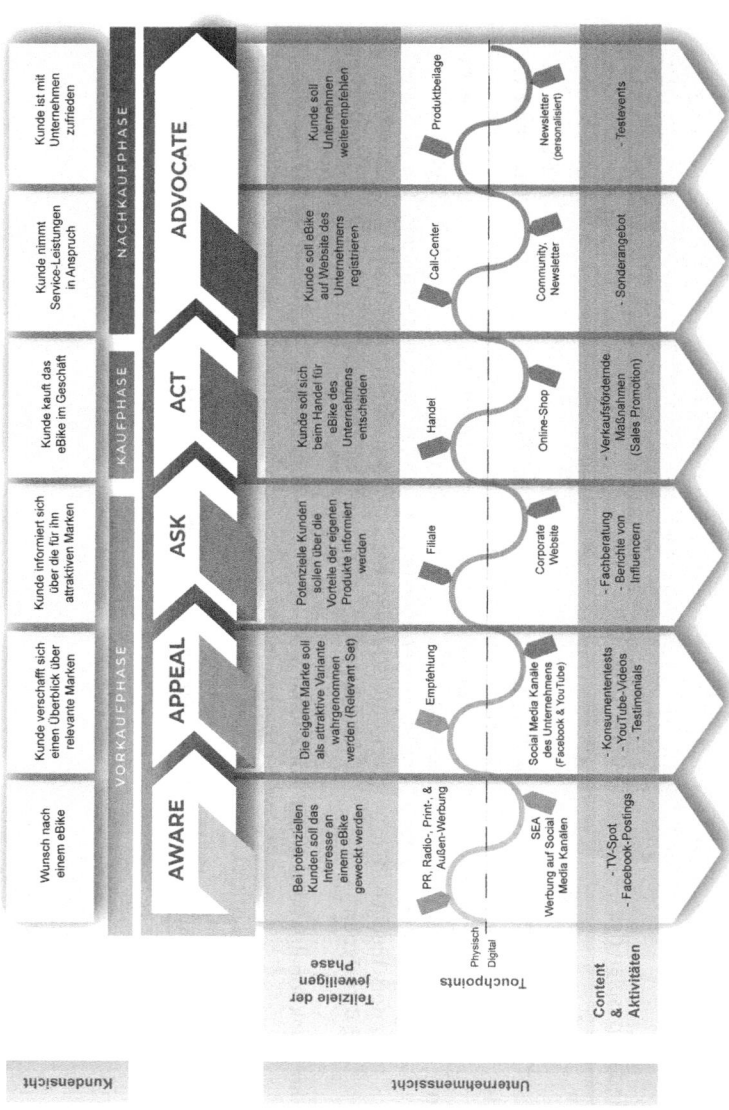

Abb. 3.4 Kommunikation eines E-Bike-Produzenten entlang der Customer Journey

die Corporate Website weiter von der hohen Produktqualität überzeugt. In der Act-Phase werden verkaufsfördernde Maßnahmen wie Rabattaktionen und andere zeitlich befristete Maßnahmen eingesetzt. Die Nachkaufphase ist hingegen durch Sonderangebote für Stammkunden gekennzeichnet und Testevents informieren langjährige loyale Kunden über neue Produkte, Trends und Innovationen.

> **So hängen Buyer Persona, Customer Journey, Touchpoints, Content und Aktivitäten zusammen**
>
> Buyer Personas zeigen uns in Verbindung mit Customer Journeys wer unsere (potenziellen) Kunden sind und wie diese sich durch den Kaufprozess bewegen. Die Informationsquellen, die unsere Personas nutzen, geben uns Aufschluss darüber, an welchen Kontaktpunkten wir sie erreichen können. Ziele, Werte, Herausforderungen und Hürden der Personas zeigen uns, welche Inhalte an den gewählten Touchpoints als relevant wahrgenommen werden und welche Aktivitäten bevorzugt eingesetzt werden sollten.

> **Ihr Transfer in die Praxis**
>
> Insbesondere im digitalen Umfeld ist es unumgänglich, sich genau zu überlegen, wen Sie mit Ihren Kommunikationsmaßnahmen erreichen wollen. Berücksichtigen Sie also bei allen Entscheidungen Ihre Buyer Persona.
>
> - Wählen Sie ausschließlich jene Touchpoints aus, die Ihre Buyer Persona verwendet
> - Fokussieren Sie sich bei Ressourcenknappheit auf die erfolgversprechendsten Touchpoints
> - Definieren Sie Maßnahmen, die Sie durchführen wollen
> - Definieren Sie die inhaltliche Ausrichtung Ihres Contents (outbond oder inbound)
> - Überprüfen Sie, ob Ihre geplanten Maßnahmen sowohl mit der Unternehmensstruktur, als auch mit dem Unternehmensumfeld vereinbar sind

Literatur

Baxendale, S., Macdonald, E. K., & Wilson, H. N. (2015). The impact of different touchpoints on brand consideration. *Journal of Retailing, 91*(2), 235–253. https://doi.org/10.1016/j.jretai.2014.12.008.

Brand & Retail Management Institute. (2018). *Werbung verliert, Content Marketing gewinnt.* https://www.marketing-boerse.de/news/details/1814-werbung-verliert-content-marketing-gewinnt/144829. Zugegriffen am 26.07.2021.

Chaffey, D., & Smith, P. R. (2017). *Digital marketing excellence. Planning, optimizing and integrating online marketing* (5. Aufl.). Routledge.

Clatworthy, S. (2011). Service innovation through touch-points: Development of an innovation toolkit for the first stages of new service development. *International Journal of Design, 5*(2), 15–28.

Dakouan, C., Benabdelouahed, R., & Anabir, H. (2019). Inbound marketing vs. outbound marketing: Independent or complementary strategies. *Expert Journal of Marketing, 7*(1), 1–6.

De, U., McClure, X. S., & Stulov, K. (2013). *Discovering evergreen content on the web.* http://cs229.stanford.edu/proj2013/DeMcClureStulov-DiscoveringEvergreenContentOnTheWeb.pdf. Zugegriffen am 31.08.2021.

Dewi, M. V. K., & Darma, G. S. (2019). The role of marketing & competitive intelligence in industrial revolution 4.0. *Jurnal Manajemen Bisnis, 16*(1), 1–12.

Esch, R. (2018). *Verkaufsförderung.* https://wirtschaftslexikon.gabler.de/definition/verkaufsfoerderung-48180/version-271438. Zugegriffen am 02.09.2021.

Feng, B., & Lei, Y. (2019). Cooperative advertising strategies in search engine advertising. In *Proceedings of the 2019 2nd international conference on information management and management sciences* (S. 145–149).

Guetz, B. (2021). *Marketing findet immer dann statt, wenn das Unternehmen den Markt berührt.* https://www.linkedin.com/posts/bernhard-guetz-396188141_man-kann-nicht-nicht-kommunizieren-erkannte-activity-6775724700350906368-tkGS. Zugegriffen am 22.02.2022.

Gupta, P. B., & Gould, S. J. (1997). Consumers' perceptions of the ethics and acceptability of product placements in movies: Product category and individual differences. *Journal of Current Issues & Research in Advertising, 19*(1), 37–50.

Halb, F., & Seebacher, U. (2021). User Experience und Touchpoint-Management – Eine Fallstudie zur Inhouse-Umsetzung für den Mittelstand. In U. Seebacher (Hrsg.), *Praxishandbuch B2B-Marketing.* Wiesbaden: Springer Gabler. https://doi.org/10.1007/978-3-658-31651-8_29.

Hayes, A. (2021). *White paper.* https://www.investopedia.com/terms/w/whitepaper.asp. Zugegriffen am 06.09.2021.

Hilker, C. (2017a). Content-marketing. In *Praxishandbuch Kongress-, Tagungs- und Konferenzmanagement* (S. 429–446). Springer Gabler.
Hilker, C. (2017b). *Content Marketing in der Praxis*. Springer Fachmedien.
Hoffjann, O. (2015). *Public relations*. UKV.
Kruse Brandão, T., & Wolfram, G. (2018). *Digital Connection: Die Bessere Customer Journey Mit Smarten Technologien – Strategie Und Praxisbeispiele*. Wiesbanden: Springer-Gabler.
Lambrecht, A., & Tucker, C. (2013). When does retargeting work? Information specificity in online advertising. *Journal of Marketing research, 50*(5), 561–576.
Lange, M. (2015). *FISH Modell und Content RADAR – zwei geniale Strategie Tools für das Content Marketing*. https://de.slideshare.net/talkabout/fish-modell-und-content-radar-zwei-geniale-strategie-tools-fr-das-content-marketing. Zugegriffen am 31.08.2021.
Löffler, M. (2014). *Think Content. Grundlagen und Strategien für erfolgreiches Content-Marketing*, 3, Bonn: Rheinwerk.
Maechler, N., Neher, K., & Park, R. (2016). From touchpoints to journeys: Seeing the world as customers do. *McKinsey Quarterly, 2*, 2–10.
Müller, J., & Christandl, F. (2019). Content is king – But who is the king of kings? The effect of content marketing, sponsored content & user-generated content on brand responses. *Computers in Human Behavior, 96*, 46–55.
Rancati, E., Codignola, F., & Capatina, A. (2015). Inbound and outbound marketing techniques: A comparison between Italian and Romanian pure players and click and mortar companies. *Risk in Contemporary Economy, 2*(1), 232–238.
Ranoliya, B. R., Raghuwanshi, N., & Singh, S. (2017). Chatbot for university related FAQs. In *2017 international conference on advances in computing, communications and informatics (ICACCI)* (S. 1525–1530). IEEE.
Rolke, L. (2010). *Klassische Werbung verliert an Bedeutung: Umfangreichste Vergleichsstudie zur Wirkung von Werbung und PR-Beiträgen*. https://idw-online.de/de/news369605. Zugegriffen am 26.07.2021.
Sander, M. (2019). *Marketing-management*. UKV.
Schauer-Bieche, F. (2019). *Der Content-Coach: Leitfaden für bessere Inhalte und durchdachte Strategien im Content-Marketing*. Springer.
Schmitt, M. C. (2019). *Quick Guide Digitale B2B-Kommunikation: Content, Influencer, Blogs & Co: Wie Sie Ihre Kunden an allen digitalen Touchpoints erreichen*. Springer Gabler.
Schüller, A. M. (2012). *Touchpoints: Auf Tuchfühlung mit dem Kunden von heute. Managementstrategien für unsere neue Businesswelt*. Gabal.
Schüller, A. M. (2016). *Touch.Point.Sieg. Kommunikation in Zeiten der digitalen Transformation*. Gabal.

Spreer, P. (2021). Behavior Patterns für die Kundenbindungsphase. In *PsyConversion* (S. 265–285). Springer Gabler.

Straker, K., Wrigley, C., & Rosemann, M. (2015). Typologies and touchpoints: Designing multi-channel digital strategies. *Journal of Research in Interactive Marketing, 9*(2), 110–128.

Vijgen, B. (2014). The listicle: An exploring research on an interesting shareable new media phenomenon. *Studia Universitatis Babes-Bolyai-Ephemerides, 59*(1), 103–122.

Vinerean, S. (2017). Content marketing strategy. Definition, objectives and tactics. *Expert Journal of Marketing, 5*(2), 92–98.

Walsh, G., Deseniss, A., & Kilian, T. (2019). *Marketing: Eine Einführung auf der Grundlage von Case Studies*. Springer.

4

Step 3: Erfolgsmessung und Optimierung

> **Was Sie aus diesem Kapitel mitnehmen**
>
> - Wie man Erfolg im digitalen Marketing in Kombination mit „klassischem Marketing" permanent messbar machen kann
> - Welche die aussagekräftigsten Kennzahlen für die gängigen digitalen Touchpoints sind und mit welchen Tools man diese messen und anschließend optimieren kann
> - Welche ganzheitlichen Ansätze es zur Optimierung des Erfolgs gibt
>   - Ober-/Unterziele und Kausalketten-Ansatz
>   - DMR (Digital Marketing Roadmap) Ansatz über Customer Journeys
>   - Kombination DMR-Ansatz mit Customer Journey und Ökonometrischem Modelling (Abb. 4.1)

4.1 Warum Erfolgsmessung?

Haben Sie in den vergangenen Jahren auch die Situation erlebt, dass Sie gefragt wurden, was denn ein „Like" auf Facebook oder „Pageviews" auf der Webseite an Euro Umsatz bringt, und Sie die Frage nicht beantworten

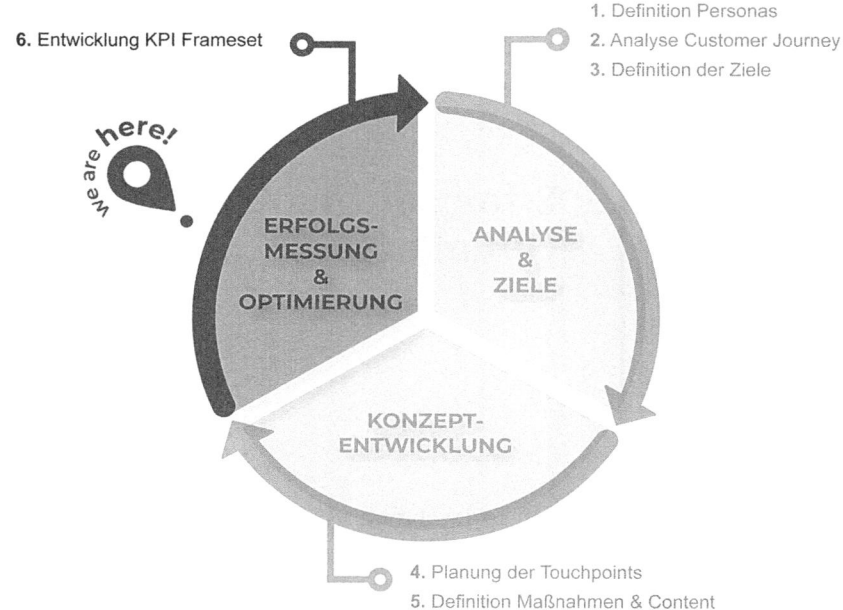

Abb. 4.1 Erfolgsmessung und Optimierung

konnten? Dann sind Sie in diesem Kapitel vollkommen richtig. Wir zeigen Ihnen hier, wie Sie den Erfolg ihrer digitalen Maßnahmen bis hin zum Umsatz messbar/modellierbar machen und somit Ihren Erfolg stetig aufgrund Ihrer festgelegten Ziele optimieren können. Denn Digital Marketing mit seinen digitalen Touchpoints ist sehr schnelllebig. Was gestern beliebt war, ist heute vielleicht wieder „out of date". Sichtbar wird dies an Customer Journeys Ihrer Kunden, die sich im Laufe der Zeit immer wieder ändern können.

Deswegen verstehen wir den Ansatz der Digital Marketing Roadmap als ein sich stetig weiterentwickelndes Modell, welches Ihren Erfolg sichert. Denn das digitale Zeitalter bringt auch viele Vorteile für das Marketing mit. Digitale Aktivitäten können exakt und kurzfristig, bis hin in Echtzeit gemessen werden. Dies ermöglicht es Ihnen, einen laufenden Optimierungsprozess einzuführen (Abb. 4.2).

4 Step 3: Erfolgsmessung und Optimierung

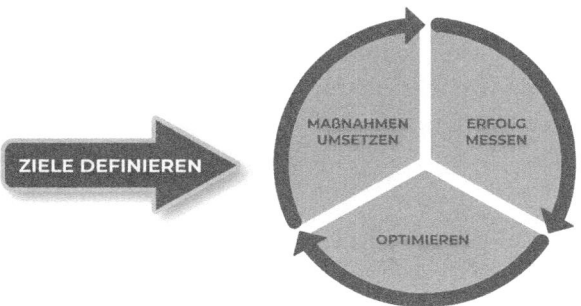

Abb. 4.2 Optimierungsprozess Digital Marketing Roadmap

Traditionellerweise arbeiten viele Unternehmen bei der Erfolgsmessung mit Ober- und Unterzielen. Diesen Zugang bezeichnen wir hier als „klassischen Ansatz", der im Vergleich zu dem hier vorgeschlagenen Ansatz der Digital Marketing Roadmap deutlich statischer ist und das Risiko birgt, den Kunden auf seiner Customer Journey aus den Augen zu verlieren.

4.2 Wie kann „der Erfolg" gemessen werden?

In der Praxis erlebt man häufig, dass (Digitale) Marketeers in Unternehmen nicht ad hoc sagen können, auf welches Ziel einzelne Maßnahmen und Instrumente (z. B. „Facebook" oder „die Webseite") einzahlen. Der Ausgangspunkt und Kern der Erfolgsmessung liegt aber in klar definierten Zielen. Erst wenn man ein Ziel klar definiert hat, kann man im nächsten Schritt Metriken finden, mit denen sich dieses Ziel gut messen lässt. In diesem Buch verwenden wir den Begriff KPI (Key Performance Indicator). Ein KPI kann man gut als „Kennzahl" zur Messung von definierten Zielen (Ober-, Unter- und Teilziele) übersetzen. Alle KPIs, die wir in den jeweiligen Customer-Journey-Phasen festlegen, sammeln wir im KPI Frameset, um dort laufende Veränderungen sichtbar zu machen und daraufhin Maßnahmen zur Optimierung und Zielerreichung ableiten zu können.

Dies bereitet im Arbeitsalltag durch den Medienbruch von Offline zu Online oftmals Schwierigkeiten. Die nächsten Seiten sollen Ihnen dabei helfen, den Erfolg von Maßnahmen direkt oder indirekt messbar zu machen und Optimierungsmaßnahmen abzuleiten.

> **Beispiel**
>
> Wenn unser E-Bike-Unternehmen das Ziel „Kundenneugewinnung" und als Unterziel „Reichweite ausbauen" definiert hat, sind die Unique User auf der Webseite ein KPI, welcher gemessen wird.
>
> Wenn in diesem Beispiel die Unique User auf der Unternehmenswebseite oder dem Onlineshop monatlich sinken, wären zwei Maßnahmen naheliegend: einerseits könnte das Unternehmen durch Werbung auf Paid-Media-Touchpoints neue Unique User auf die Website bringen. Andererseits könnte man aber auch Maßnahmen ergreifen, um bestehende User öfter auf die Website zu bringen.
>
> Was dabei jedoch nicht übersehen werden darf ist der Umstand, dass das Sinken der Unique User auch andere Gründe haben kann: technische Probleme, eine Verschlechterung des Google-Rankings, nicht relevanter Content usw. Erst wenn die Ursachen bekannt sind, kann das Unternehmen wirksame Maßnahmen ableiten und die Entwicklung der KPIs über ein Monitoring laufend optimieren. Dies wären hier z. B. die Behebung eventueller technischer Probleme (z. B. Ladezeiten oder im Bereich der Usability), Suchmaschinenoptimierung oder die Entwicklung von relevantem Content. Nach einer geeigneten Zeitspanne (z. B. einem Monat) kann sich das Unternehmen die Entwicklung der KPIs ansehen und bewerten, ob die Maßnahmen funktioniert haben oder weitere zu treffen sind. (Die Agilen, 2017)

4.3 Gängige KPIs pro Touchpoint, Messinstrumente und mögliche Optimierungsansätze

Wenn Unternehmen den Erfolg messen möchten, dann stellen sich meist vier zentrale Fragen:

- Welche Ziele definiert das Unternehmen für „Erfolg"?
- An welchen Touchpoints will das Unternehmen die Zielerreichung messen?

- Welche Kennzahlen (KPIs) können zur Messung der Zielerreichung verwendet werden?
- Wie können die ausgewählten KPIs optimiert werden?

In diesem Teil zeigen wir Ihnen die gängigsten Touchpoints, KPIs und Optimierungsansätze, mit denen eine Vielzahl an Unternehmen arbeiten. Eine Aufzählung „aller" Touchpoints und möglichen KPIs kann aufgrund ihres Umfanges hier nicht dargestellt werden.

Die in der Praxis am häufigsten verwendeten KPIs sind in den Standardreports der gängigen Analysetools (z. B. Google Analytics) bereits voreingestellt. Zusätzlich können zu diesen Standardreports auch individuelle Reportings für spezielle Analysen (Customized Reports) erstellt werden.

Trotz oder gerade wegen der Vielzahl an Analysetools, die Unternehmen für ihre unterschiedlichen Touchpoints (Website, Social Media, Apps usw.) verwenden können, stoßen sie hier an technische Grenzen. Um die KPIs aus unterschiedlichen Systemen zusammenzuführen, müssen Daten aus unterschiedlichen Analysetools (z. B. Google Analytics, Facebook Insights) kombiniert werden. Hier bieten auch Standardschnittstellen zwischen den Programmen oder Aggregationstools oft keine zufriedenstellende Lösung. Als pragmatischer und gut funktionierender Ansatz zur Zusammenfassung bleiben hier dann manchmal nur Excel-Listen.

Unabhängig davon, ob Daten nun aus einem Analysetool stammen, in einer Excel-Liste oder in Datenbanken gesammelt werden, sollten sie in Dashboards zusammengefasst und grafisch aufbereitet werden. Dashboards eignen sich hervorragend für Fachabteilungen, die ihre Geschäftsführung, die Marketingleitung oder andere Abteilungen (z. B. den Vertrieb) über die Entwicklung zur Zielerreichung informieren möchte. Grundsätzlich gibt es auf den unterschiedlichen Hierarchiestufen (z. B. Geschäftsführung, Marketingleitung) immer unterschiedliche Interessen an KPIs zur Zielerreichung. Ein Dashboard kann so für die Geschäftsführung mit relevanten und meistens nicht zu vielen KPIs befüllt sein, wie z. B. die Umsatzentwicklung, EBITA, ROI etc. Ein Social-Media-Manager wiederum sieht sich Post-Reichweite, -Likes oder -Kommentare an.

Auf den folgenden Seiten setzen wir für jeden Touchpoint ein KPI-Frameset auf, mit denen gemessen werden kann, ob die vorab definierten Ziele erreicht wurden und die zur laufenden Optimierung verwendet werden können. Dazu erklären wir für jeden Touchpoint die jeweiligen KPIs und gängigsten Tools zur Erfolgsmessung. Hier ist es uns wichtig, noch einmal darauf hinzuweisen, dass die Erfolgsmessung nur dann Sinn macht, wenn daraus konkrete Optimierungsansätze abgeleitet und umgesetzt werden und deren Wirkung wieder gemessen wird.

4.3.1 Webseite

Beginnen wir mit dem „Mutterschiff" aller digitalen Touchpoints, der Webseite. Hier finden sich eine nahezu unüberblickbare Anzahl an gut funktionierende Webanalyse-Tools am Markt, die teilweise kostenlos oder sehr günstig angeboten werden.

Webanalyse-Tools haben sich mit der Zeit zu umfangreichen Marketingtools weiterentwickelt, die als Customer-Data-Plattformen genutzt werden können, um z. B. Audiences zu bauen. Audiences sind eine Zusammenstellung von Zielgruppen anhand vordefinierter Kriterien. Solche Kriterien können z. B. demographischer Natur sein oder entstehen, weil über digitale Geräte, die mit einem Tracking-Cookie versehen wurden, indirekt Personen dadurch identifiziert und erneut angesprochen werden können (intelliAd, o. J.). Das Wissen über die Besucher der eigenen Website und die darauf basierende Bildung von Audiences kann für ein weiteres Look-Alike-Modelling genutzt werden. Darunter versteht man einen Prozess, bei dem Personen, die der eigenen Audience ähneln (z. B. in ihrem Online-Verhalten) identifiziert werden. Auf dieser Basis können in weiterer Folge effektive Kampagnen und Retargeting-Maßnahmen umgesetzt werden.

Tools zur Erfolgsmessung

Das weltweit populärste – und dabei kostenlose – Webanalyse-Tool ist Google Analytics. Es bietet bereits in seiner Basisversion viele Analysemöglichkeiten und zeichnet sich durch eine einfache Anwendung aus. Es kann sowohl für die Analyse von Webseiten, als auch für Onlineshops genutzt werden. Mit Google Analytics 360 gibt es eine kostenpflichtige Variante für große werbetreibende Unternehmen, das speziell auf komplexe Daten und Marketinganalysen ausgerichtet ist (Google, 2016).

Bei den meisten der kostenlos verfügbaren Tools gibt es Upgrade-Möglichkeiten auf kostenpflichtige Pro-Versionen, die erweiterte Spezialanalysen ermöglichen. Auch hier sind die Kosten meist überschaubar.

Unabhängig davon, mit welchem Tools Sie Ihre Website analysieren, sollten Sie folgende KPIs im Auge behalten. Neben einer kurzen Beschreibung, was der jeweilige KPI aussagt, finden Sie in der Tabelle auch ausgewählte Ansatzunkte, wie Sie den entsprechenden KPI optimieren können (vgl. Tab. 4.1).

Tab. 4.1 KPI Frameset Webseite

KPIs	Aussage	Ausgewählte Optimierungsansätze
Unique User (UU): neue/ wiederkehrende	Anzahl einzelner Personen, die eine Webseite im definierten Zeitraum besucht haben (entspricht quasi der traditionellen Kennzahl der Nettoreichweite)	Neue UU: Werbung auf digitalen und Offline-Kanälen Wiederkehrende UU: Content Marketing, Newslettermarketing, Retargeting
Visits	Gesamtzahl der Besuche einer Webseite im definierten Zeitraum (entspricht quasi der traditionellen Kennzahl der Bruttoreichweite)	Neue Visits: Werbung auf digitalen und Offline-Kanälen Wiederkehrende Visits: Content Marketing, Newslettermarketing, Retargeting
Pageviews	Gesamtzahl der Seitenaufrufe im definierten Zeitraum (wird häufig mit traditionellen Werbekontakten gleichgesetzt)	Content Marketing, interne Verlinkungen, Empfehlungsmanagement
Average time spent on site	Durchschnittlicher Zeitraum, den sich ein User auf der Webseite befindet (Kontaktdauer)	Content Marketing, Verbesserung der Usability

(Fortsetzung)

Tab. 4.1 (Fortsetzung)

KPIs	Aussage	Ausgewählte Optimierungsansätze
Bounce Rate	Wieviel User springen gleich von der Seite ab	Content Marketing, Verbesserung der Usability, technische Stabilität/Ladezeiten
Referrer	Herkunft des Besuchers der Website (Internetseite, Suchmaschine)	Optimierung der Verteilung des Werbebudgets nach relevanten Referrer-Kanälen
SEO Index	Sichtbarkeit der Website in Suchmaschinen	SEO (Content Marketing, technische Stabilität/Ladezeiten etc.)

Quelle: Verfasser

4.3.2 Onlineshop

Bei Onlineshops kann man auf den KPIs der Webseite aufbauen und so die Erfolgsmessung vom Erstkontakt bis Kaufabschluss und Wiederkauf nahtlos messen und optimieren. Onlinetools zur Erfolgsmessung und Optimierung gibt es auch hier in großer Anzahl. Google Analytics ist auch wieder eines der beliebtesten Tools.

Tools zur Erfolgsmessung

Bei den Tools zur Erfolgsmessung bei Onlineshops hat auch hier Google Analytics die Nase vorn. Jedoch gibt es auch eine Nische für spezielle online Shop-Tools, die je nach Shop-Anforderung eingesetzt werden können, wie z. B. Google Analytics (Bereich Conversions-Ecommerce), Econda, Adobe Analytics oder Kissmetrics.

Die folgende Tabelle fasst wiederum die zentralen KPIs und ausgewählten Ansatzpunkte zu deren Optimierung zusammen (vgl. Tab. 4.2).

Tab. 4.2 KPI Frameset Online Shop

KPIs	Aussage	Ausgewählte Optimierungsansätze
Umsatz	Umsatzerlöse in einem definierten Zeitraum	Werbung auf digitalen und Offline-Kanälen, Verbesserung der Conversion Rate, Erhöhung der Anzahl an Bestellungen pro User, Erhöhung der Warenkorbgröße
Anzahl Bestellungen	Anzahl einzelner Bestellungen in einem definierten Zeitraum	Werbung auf digitalen und Offline-Kanälen, Aufnahme neuer relevanter Produkte, Aktionen auf bestehende Produkte, Preisnachlässe, Kundenbindungsmaßnahmen
Warenkorbgröße	Umsatz pro Bestellung	Werbung auf digitalen und Offline-Kanälen, Aufnahme neuer relevanter Produkte, Aktionen auf bestehende Produkte, Preisnachlässe, Kundenbindungsmaßnahmen
Conversion Rate	Verhältnis der Käufer zu Besucher des Onlineshops	Optimierung des Sortiments, Analyse von Preisschwellen
Drop-out Rate	Abbruchrate vor Kauf („Wo brechen die User den Kaufprozess ab?")	Verbesserung der Usability, Überprüfung der Modi für Bezahlung und Lieferung, Analyse von Preisschwellen

Quelle: Verfasser

4.3.3 Social Media

Alle führenden Social-Media-Touchpoints (Facebook, Instagram, Twitter, YouTube etc.) haben in ihren Plattformen eigene Analytics-Tools integriert. Hier können problemlos zentrale Kennzahlen (z. B. Reichweiten und Interaktionen) angesehen und analysiert werden. Bei Werbekampagnen sind auch weiterführende Detailanalysen möglich (bei Facebook z. B. über den Business Manager).

In der Praxis kann es durchaus mühevoll sein, wenn mehrere Social-Media-Kanäle intensiv betreut werden. Dafür gibt es zahllose Social-Media-Marketing-Tools, die kostenlos oder mit größerem Anwendungsfeld pro Monat nur wenig kosten. Diese Tools beinhalten nicht nur die Analytics- und Reporting-Möglichkeiten für die größten Social-Media-Plattformen, sondern zusätzlich auch plattformübergreifende Funktionen (z. B. zum Community Management, Social Listening oder Kampagnenmanagement).

Tools zur Erfolgsmessung
Bei den Tools zur Erfolgsmessung kann grundsätzlich zwischen zwei Arten unterschieden werden:

a. Instrumente zur Messung des Erfolgs auf den einzelnen Social-Media-Kanälen (z. B. Facebook Business Manager, Twitter Analytics, Instagram Insights, Snapchat Analytics, Pinterest Analytics, YouTube Analytics)
b. Social-Media-Marketing-Gesamtlösungen (z. B. Hootsuite, Socialbakers oder Buffer).

In der Tab. 4.3 finden Sie wieder einen Überblick zu den wichtigsten KPIs und ausgewählte Ansätze zu deren Optimierung.

4.3.4 Werbekampagnen (Display, SEA, Facebook…)

Werbekampagnen (Paid Media) sind ein wichtiger Erfolgsfaktor im Digital Marketing. Unabhängig von der Höhe des Werbebudgets kommt der Erfolgsmessung und Optimierung ein hoher Stellenwert zu. Jedes Unternehmen ist schließlich daran interessiert, den „Marketing-Euro" dort zu investieren, wo der höchste Return on Investment (ROI) erzielt werden kann.

Tools zur Erfolgsmessung
Die Auswahl der Tools zur Erfolgsmessung richtet sich nach den Plattformen, die für die Werbekampagne genutzt wird. Für SEA-Maßnahmen bieten sich wiederum Google Analytics und/oder Google Analytics 360 an, für Display-Kampagnen Google Analytics 360 oder Adserver Aus-

Tab. 4.3 KPI Frameset Social Media

KPIs	Aussage	Ausgewählte Optimierungsansätze
Anzahl Fans/ Abonnenten (Follower)	Anzahl der einzelnen Personen, die in einem definierten Zeitraum Fans/ Abonnenten eines Kanals sind (Nettoreichweite)	Werbung auf digitalen und Offline-Kanälen, Postings mit für die Zielgruppe relevantem Inhalt (Content Marketing)
Reichweite: Beitrag oder Kanal	Anzahl der Nutzer, die mit einem Posting bzw. mit dem Kanal erreicht werden (Bruttoreichweite)	Postings mit für die Zielgruppe relevantem Inhalt (Content Marketing) Newslettermarketing, Werbung (Ad Boost), Retargeting
Interaktionsrate	Verhältnis der Anzahl an Reaktionen von Nutzern auf einen Beitrag (z. B. Klicks, Likes, Kommentare, teilen der Inhalte) zur Gesamtanzahl an Nutzern, die mit dem Beitrag erreicht wurden	Postings mit für die Zielgruppe relevantem Inhalt (Content Marketing)
Social Share of Voice	Anteil der Sichtbarkeit des Unternehmens in den Sozialen Medien im Vergleich zum Mitbewerb (Sichtbarkeit durch Werbung und organische Reichweite)	Werbung auf digitalen und Offline-Kanälen, Postings mit für die Zielgruppe relevantem Inhalt (Content Marketing)
Shopkäufe	Anzahl der Produkte, die über den Shop-Button in den Social Media-Kanälen des Unternehmens verkauft wurden	Relevante Produkte, Preisaktionen

Quelle: Verfasser

wertungen, sowie die jeweiligen Analysetools der einzelnen Social-Media-Kanäle (z. B. Facebook Business Manager, Twitter Analytics, Instagram Insights, Snapchat Analytics, Pinterest Analytics, YouTube Analytics). Die Tab. 4.4 gibt wieder einen Überblick über zentrale KPIs und ausgewählte Optimierungsansätze.

Tab. 4.4 KPI Frameset Kampagnen

KPIs	Aussage	Ausgewählte Optimierungsansätze
Nettoreichweite	Anzahl der einzelnen Personen, die mit einer Kampagne erreicht wurden	Auswahl der digitalen Kanäle nach günstigstem TKP (Tausend Kontakt Preis)
Bruttoreichweite	Anzahl der Kontakte, die mit einer Kampagne erzielt wurden	Auswahl der digitalen Kanäle nach günstigstem TKP (Tausend Kontakt Preis)
OTS (Opportunities to see)	Durchschnittliche Anzahl der Kontakte einer Person mit einem Werbemittel (z. B. Posting)	Frequency Capping (d. h. Beschränkung der max. Anzahl von Werbekontakten, indem dafür ein Höchstwert festgelegt wird)
Visibility Index	Durchschnittliche Betrachtungsdauer des Werbemittels im sichtbaren Bereich	Platzierung des Werbemittels auf Werbeträger verbessern, Inhalt verbessern etc.
mROI	Verhältnis der eingesetzten Werbesumme zum erzielten Gewinn	Targeting, Werbemittel und Mediasite Optimierung
Clicks CPC CPS	Anzahl Klicks auf die Werbemittel, Kosten pro Klick (CPC), Kosten pro Sale (CPS)	Targeting, Werbemittel und Mediasite Optimierung
Klickrate/ Conversion Rate	Verhältnis der Anzahl von Aktionen auf ein Werbemittel (z. B. Klicks) zur gesamten Anzahl der Einblendungen einer Werbung (Adimpressions) Verhältnis der Anzahl Verkäufe/Anmeldungen…/ Adimpressions	Targeting, Werbemittel und Mediasite Optimierung

Quelle: Verfasser

4.3.5 Apps

Mobile Endgeräte – und hier vor allem Smartphones – haben in ihrer Bedeutung für das Digitale Marketing stark zugenommen und mit ihnen auch die Bedeutung von mobilen Applikationen (Stocchi et al., 2021). Grundsätzlich kann dabei zwischen nativen, web-basierten und hybriden Apps unterschieden werden (Holzer & Ondrus, 2012). Native Apps werden dabei für ein bestimmtes Betriebssystem (i. d. R. Apple iOS oder Android) entwickelt und von Nutzern direkt auf ihrem mobilen Endgerät installiert.

Eine Möglichkeit, Apps für Marketingzwecke zu nutzen, ist, sie als Werbeplattform einzusetzen (Grewal et al., 2016). Entwickeln Unternehmen ihre eigenen Apps, die von Kunden auf ihrem Smartphone gespeichert werden, können sie noch deutlich umfangreicher, u. a. zum Aufbau von Kundenbindung genutzt werden.

Tools zur Erfolgsmessung
Android und Apple iOS sind die führenden Betriebssysteme für Mobiltelefone weltweit. Beide Betriebssysteme haben interne Analysetools integriert, mit denen Unternehmen gut arbeiten können. Für die Analyse von Android Apps ist es Firebase, für iOS-Apps ist es App Analytics. Darüber hinaus können – je nach speziellen Zielvorgaben und Erfolgsmessung – auch hier weitere Analysetools zum Einsatz kommen.

In der folgenden Tabelle finden Sie wieder einen Überblick über die wichtigsten KPIs und ausgewählte Optimierungsansätze (vgl. Tab. 4.5).

4.3.6 Newsletter

Die Nutzung von Newslettern im Rahmen des Email-Marketings bietet Unternehmen die Möglichkeit, über den gesamten Kundenbeziehungslebenszyklus mit (potenziellen) Kunden in Kontakt zu bleiben (Kreutzer, 2016, S. 100).

Tools zur Erfolgsmessung
Für das Email-Marketing stehen Unternehmen eine Vielzahl an Newsletter-Tools zur Verfügung (z. B. Mailchimp, Sendinblue, Evalanche), die über ein integriertes Analytics-Tool verfügen. Viele dieser Lösungen können über Standardschnittstellen auch an Webanalyse-Tools wie z. B. Google Analytics angebunden werden. Damit können in deren Auswertungen

Tab. 4.5 KPI Frameset Apps

KPIs	Aussage	Ausgewählte Optimierungsansätze
App Downloads (Neue Installationen)	Anzahl der Installationen einer nativen App in einem definierten Zeitraum	Werbung auf digitalen und Offline-Kanälen
Aktive Nutzer (Sitzungen, Seitenaufrufe…)	Gibt das Aktivitätsniveau der Nutzer wieder	Content Marketing, Usability, technische Stabilität
Wiederkehrrate (Retention Rate)	Prozentsatz der Kunden, die innerhalb eines definierten Zeitraums die App wieder verwendet hat	Content Marketing, Usability, technische Stabilität, Werbung
Deinstallationen	Anzahl der Deinstallationen in einem definierten Zeitraum	Content Marketing, technische Stabilität
Sales/In App Käufe	Anzahl bezahlter App Downloads oder Anzahl von In-App-Käufen	Cost per Sale/Usability/ Produktmix Optimierung

Quelle: Verfasser

(z. B. Webseitenreport, Dashboard) auch Kennzahlen zu den Newslettern (Newsletter-Report) eingebaut werden.

Die Tab. 4.6 gibt wieder einen Überblick über die wichtigsten KPIs und ausgewählte Optimierungsansätze.

Tab. 4.6 KPI Frameset Newsletter

KPIs	Aussage	Ausgewählte Optimierungsansätze
Versendete Mails/zugestellte Mails	Wie viele Mails wurden verschickt/zugestellt (Bruttoreichweite tlw. gesehen/ungesehen; hier ist zu berücksichtigen, dass verschickte Emails z. B. aufgrund fehlerhafter Adressen nicht zugestellt werden)	Werbung Digital/Offline, inaktive Emailadressen löschen
Öffnungsrate	Anzahl der User, die den zugestellten Newsletter auch geöffnet haben (gesehene Nettoreichweite)	Betreffzeile optimieren (A/B-Testing), Content Marketing
Klickrate	Verhältnis der geöffneten Newsletter (= Klicks) zu zugestellten Mails	Content Marketing, Targeting, Profilgesteuerter Content etc.
Umsätze pro Newsletter	Umsätze bei Shop Integration	Produktmix, Preisnachlass, Sammelpromotion etc.
Anmeldungen/Abmeldungen	Anzahl der Neuanmeldungen/Abmeldungen in einem definierten Zeitraum	Werbung Digital/Offline/Content Marketing etc.

Quelle: Verfasser

4.4 Ganzheitliche Ansätze zur Erfolgsoptimierung

Die in Abschn. 4.3 dargestellten KPIs helfen Ihnen, den Erfolg einzelner Kommunikationsmaßnahmen zu überprüfen. Da Zielsetzungen wie z. B. Umsatz- oder Gewinnsteigerungen jedoch nicht nur von einer Aktivität abhängen, gilt es herauszufinden, welchen Anteil einzelne Kommunikationsmaßnahmen am Gesamterfolg haben. Dazu stellen wir Ihnen in diesem Kapitel drei Ansätze vor:

1. das Arbeiten mit Ober- und Unterzielen
2. den Ansatz der Digital Marketing Roadmap (DMR)
3. die Erweiterung des DMR-Ansatzes im Rahmen des Ökonometrischen Modellings

Das Arbeiten mit **Zielhierarchien** hat in der Unternehmensführung und dem Marketing eine lange Tradition. Aus Sicht des Digitalen Marketings weist dieser Zugang aber einige Schwachpunkte auf. So kann es z. B. schwierig werden, die Ursachen von Umsatzrückgängen zu identifizieren. Der **DMR-Ansatz** ergänzt diesen traditionellen Ansatz des Arbeitens mit Ober- und Unterzielen. Er bietet hier detailliertere Einsichten, da der Erfolg von Maßnahmen in jeder Phase der Customer Journey gemessen wird. Das **ökonometrische Modell** bietet schließlich einen Blick in die nahe „Datenzukunft" und eignet sich als Ergänzung zum DMR-Ansatz. Es liefert Informationen darüber, wie stark die abhängige Ergebnisvariable (z. B. der Umsatz) von unabhängigen Variablen (den Offline- und Online-Aktivitäten des Unternehmens im Bereich der Kommunikation, aber auch im Bereich Vertrieb) beeinflusst wird. Um ein ökonometrisches Modell aufsetzen zu können, werden aber sehr hohe Anforderungen an die Verfügbarkeit von Daten und die Datenqualität gestellt. Es ist aus heutiger Sicht daher eher für Unternehmen mit einem entsprechend hohen Mediabudget relevant.

4.4.1 Ansatz über Ober-/Unterziele und Kausalketten (Unternehmenssicht)

Unternehmen arbeiten auf den unterschiedlichen Hierarchiestufen mit einer Vielzahl an Zielen (Unternehmensziele, Strategische Ziele, Operative Ziele), deren Erreichung auch gemessen und optimiert werden soll. Hier steht klar die Unternehmenssicht im Vordergrund, die Ziele können dabei in Form einer Zielpyramide dargestellt werden (vgl. Abb. 4.3).

Auch im Digitalmarketing kann dieses Prinzip aus der „klassischen" Marketingliteratur verwendet werden. Dazu müssen zunächst Kausalketten gebildet werden, in welchen ein Ziel (z. B. ein Click) in ein oder mehrere höhere Ziele bis hin zum Oberziel einfließt. Die unterschiedlichen Teilziele sollen dabei helfen, die Auswirkungen von Aktivitäten erklärbar und optimierbar zu machen.(vgl. Abb. 4.4).

Das folgende Beispiel soll diese Überlegungen anhand eines kurzen Fallbeispiels erläutern.

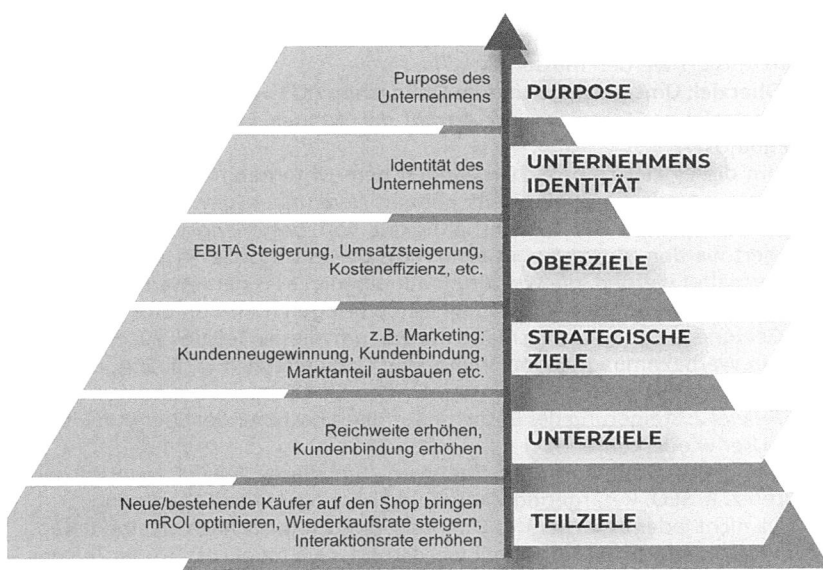

Abb. 4.3 Grundstruktur einer Zielpyramide

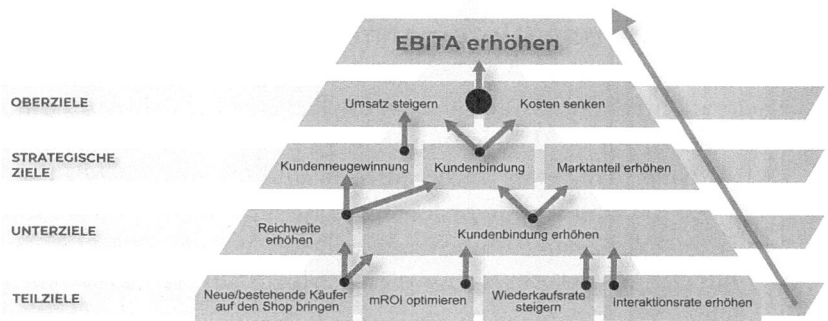

Abb. 4.4 Zielhierarchien

Beispiel E-Bike-Onlineshop

Unser E-Bike-Onlineshop möchte den Umsatz steigern. Um dieses Oberziel zu erreichen, sieht die Unternehmensleitung zwei Ansatzpunkte: sie will (1) die Anzahl der Kunden im Onlineshop steigern und (2) den durchschnittlichen Umsatz, den ein Kunde bei einem Onlinekauf tätigt, erhöhen. Hier handelt es sich um zwei Unterziele des Unternehmens, die in weiterer Folge konkretisiert werden müssen.

Oberziel: Umsatzsteigerung im Onlineshop (KPI = Umsatz in Euro)
Unterziel 1: *Steigerung der Anzahl der Kunden im Onlineshop (KPI = Unique User)*

Um dieses Ziel zu erreichen, stehen dem Unternehmen zwei Möglichkeiten zur Verfügung: einerseits können *Neukunden* gewonnen werden, andererseits kann die Besuchshäufigkeit von *bestehenden Kunden* gesteigert werden. Aus diesem Grund muss dieses Unterziel in zwei Teilziele aufgespalten werden, die wiederum mit eigenen KPIs gemessen werden:

Teilziel 1: Neue User in den Onlineshop bringen (KPI = Unique User neu)

Geeignete Optimierungsmaßnahmen, um dieses Teilziel zu erreichen wären Werbekampagnen im Online- und Offlinebereich (z. B. SEA, Display Advertising, TV)

Teilziel 2: Steigerung der Besuchshäufigkeit bestehender User (KPI = Unique User wiederkehrend)

Geeignete Optimierungsmaßnahmen, um dieses Teilziel zu erreichen wären z. B. SEO, Retargeting, Couponing oder Newsletter-Marketing.

Da nicht jeder Besucher des Onlineshops auch tatsächlich zu einem Käufer wird, muss auch sichergestellt werden, dass ein möglichst großer Teil der Besucher auch zu Käufern konvertiert. Dies führt uns zum dritten Teilziel.

Teilziel 3: Anzahl der Käufer in % der Besucher steigern (KPI = Conversion Rate)

Geeignete Optimierungsmaßnahmen, um dieses Teilziel zu erreichen wären z. B. Rabatte, spezielle Angebote oder Produktbundles.

Die bisher beschriebenen Teilziele 1, 2 und 3 führen dazu, dass unser E-Bike-Unternehmen die Anzahl der User und Käufer im Onlineshop steigert. Der nächste Schritt besteht darin, den durchschnittlichen Umsatz pro Einkauf zu erhöhen. Das führt uns zum zweiten Unterziel, nämlich der Umsatzsteigerung pro Einkauf.

Unterziel 2: Steigerung des Ø-Umsatzes pro Kauf (KPI = Umsatz/Warenkorbgröße pro User)

Die Höhe des durchschnittlichen Umsatzes pro Kauf hängt von vielen Faktoren ab, nicht zuletzt von der Qualität und Wettbewerbsfähigkeit des Angebots selbst. Um Maßnahmen optimieren zu können empfiehlt es sich, folgende Aspekte im Auge zu behalten: (1) wie stark tragen einzelne Kundengruppen zum Umsatz bei und (2) wie stark tragen einzelne Marketingmaßnahmen zum Umsatz bei? Daraus ergeben sich wiederum 4 Teilziele, deren Erreichung mittels eigener KPIs gemessen und darauf aufbauend Optimierungsmaßnahmen getroffen werden können.

Teilziel 4: Höheren Umsatz bei Neukunden (= Erstkäufer) erzielen (KPI = Umsatz pro User neu)

Geeignete Optimierungsmaßnahmen, um dieses Teilziel zu erreichen wären z. B. spezielle Angebote für Erstkäufer, etwa durch Cross-Selling und Up-Selling.

Teilziel 5: Umsatz mit bestehenden Kunden erhöhen (KPI = Umsatz pro User bestehend)

Geeignete Optimierungsmaßnahmen, um dieses Teilziel zu erreichen wären z. B. spezielle Angebote für Bestandskunden, z. B. Bonusprogramme, Cross-Selling und Up-Selling.

Teilziel 6: Umsatz auf Basis Paid Traffic erhöhen (KPI = Umsatz pro Kauf – Paid Traffic)

Hier handelt es sich um Käufe, die durch werbliche Maßnahmen oder Affiliate-Programme initiiert wurden. In der Regel wird es sich hier um Umsatz mit Neukunden handeln.

Teilziel 7: Umsatz auf Basis Unpaid Traffic erhöhen (KPI = Umsatz pro Kauf – Unpaid Traffic)

Hier handelt es sich um Käufe, bei denen der Kunde ohne werbliche Maßnahmen in den Onlineshop (d. h. auf „Eigeninitiative") gekommen ist. Dabei handelt es sich in der Regel um Bestandskunden.

Der „Umsatz pro Kauf – Paid Traffic" sagt aus, wieviel Umsatz kurzfristig bei Kampagnen (z. B. SEA, Display Advertising, Retargeting) generiert wurde. Dieser Anteil wird zu Beginn im Anteil überwiegen, da man zu allererst viele neue User auf die Webseite/den Shop bringen muss und diese dort zu Käufern und Wiederkäufern konvertieren möchte. Mit der Zeit sollte der Anteil von „Paid Traffic" sinken und der Anteil an „Unpaid Traffic" größer werden. Dies würde bedeuten, dass eine gute Basis von Stammkunden aufgebaut wurde.

Zusammenfassend kann festgehalten werden, dass das Arbeiten mit Ober- und Unterzielen in der Praxis durchaus gut funktioniert, dabei aber zu wenig auf die „Kundensicht" eingegangen wird. Konkret bedeutet das, dass Unternehmen hier Gefahr laufen, das konkrete Verhalten der Kunden in den einzelnen Phasen der Customer Journey aus den Augen zu verlieren. Dieser Aspekt wird im Zuge der Digital Marketing Roadmap stärker in den Vordergrund gestellt.

4.4.2 DMR-Ansatz – Berücksichtigung der Customer Journeys

Der **DMR-Ansatz, bei dem die Erfolgsmessung entlang der Customer Journey** erfolgt, ergänzt den Ansatz des Arbeitens mit Ober- und Unterzielen. Wichtig dabei ist zu erwähnen, dass die einzelnen Phasen nicht isoliert betrachtet werden. Dies entspräche auch nicht dem realen Verhalten von Kunden. So kommt es vor, dass Kunden sich auf einer Website über ein Produkt erkundigen, eventuell Informationsmaterial downloaden, den Konfigurator nutzen und dann trotzdem nicht kaufen. Sie befinden sich noch in ihrer Informationssuchphase. Diese (potenziellen) Kunden kann man durch gezielte Retargeting-Maßnahmen in großen Werbenetzwerken wiederfinden und mit einem Gutschein oder einer Einladung zu einem Test-Event wieder in Erinnerung rufen.

Als besonders wichtig erachten wir die in Kap. 2 beschriebenen Key Results: Welche Aktionen soll der Kunde setzen, damit unser Unternehmen in der nächsten Phase seiner Customer Journey auch berücksichtigt wird? Für jede der Phasen in der Customer Journey werden – entsprechend der eingesetzten Kommunikationsmaßnahmen – unterschiedliche KPIs zur Erfolgsmessung zum Einsatz kommen. Unter diesen KPIs sind aber besonders jene zu beachten, anhand denen beurteilt werden kann, ob das angestrebte Key Result erreicht wurde.

Je nach Key Result kann es dabei notwendig sein, dass nicht nur ein KPI verwendet wird, sondern mehrere zum Einsatz kommen. Diese Überlegungen werden anhand unseres E-Bike-Beispiels in der Tab. 2.5 dargestellt. Das Gesamtbild wird in Abb. 4.5 gezeigt. Dabei muss berücksichtigt werden, dass aufgrund der Vielzahl an Kommunikations-

4 Step 3: Erfolgsmessung und Optimierung 91

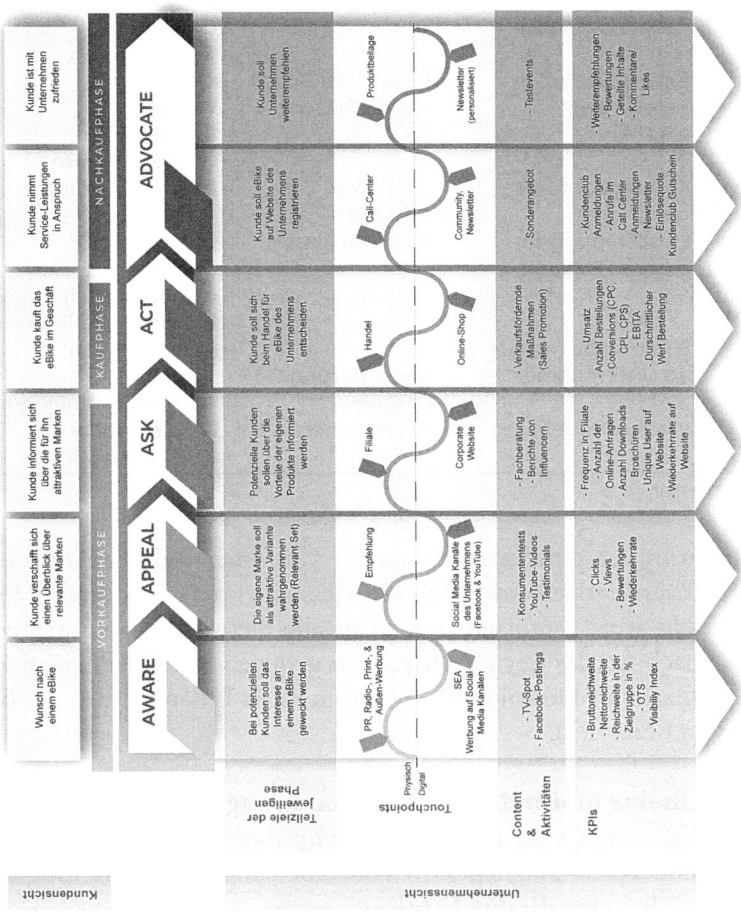

Abb. 4.5 Customer Journey mit Teilzielen und KPIs

Tab. 4.7 Der Zusammenhang von Teilzielen, Key Results und KPIs

Phasen	Teilziel	Angestrebtes Key Result	KPI
Aware	- Produktinteresse wecken & Marke bekannt machen	- Kontakt mit Werbebotschaft	- Brutto- und Nettoreichweite - OTS - Visibility Index
Appeal	- Eigene Marke im Relevant Set verankern	- Besuch der Social Media Präsenz	- Clicks - Views - Bewertungen - Wiederkehrrate
Ask	- Kundenkontakte generieren	- Download von Info-Material	- Anzahl Downloads
Act	- Entscheidung für eigenes Produkt	- Kaufabschluss	- Conversions - Umsatz - Anzahl Bestellungen - Ø Wert Bestellungen
Advocate	- Bindung des Kunden an Unternehmen - Aktive Weiterempfehlung	- Online-Registrierung - Positive Rezensionen	- Anmeldungen - Weiterempfehlungen - Bewertungen/ Kommentare/Likes

Quelle: Verfasser

maßnahmen in den einzelnen Phasen der Customer Journey eine Vielzahl an KPIs verwendet werden. Für die Messung, ob das angestrebte Key Result erreicht wurde, müssen aber nicht alle diese KPIs herangezogen werden. Je nach Art des Key Result kann es genügen, einen KPI zu setzen (z. B. die Anzahl an Downloads), in den meisten Fällen werden es aber mehrere sein (Tab. 4.7).

Exkurs 1: Direkte und Indirekte Erfolgsmessung
Die Erfolgsmessung ist auf **digitalen Touchpoints** vom Erstkontakt bis zum Kauf und einen möglichen Wiederkauf nahezu **nahtlos möglich** und erlaubt daher eine **direkte Erfolgsmessung**.

Kommen jedoch auf den Customer Journeys der Personas **offline Touchpoints** hinzu, stehen Unternehmen meist vor einer „Black Box", da die durchgängige Erfolgsmessung unterbrochen wird. Ein Lösungsansatz ist hier ist die **indirekte Erfolgsmessung**, bei der man sich mit Werten aus der Marktforschung behilft. Die Ergebnisse erreichen in diesem Fall nicht die Genauigkeit und Qualität der Messwerte an digitalen Touchpoints, liefern aber gute Näherungswerte, wie in den nachfolgenden Beispielen gezeigt werden soll.

Fall A: Direkte Erfolgsmessung

Im ersten Fall bewegt sich der Kunde ausschließlich auf digitalen Touchpoints, die vom Unternehmen direkt gemessen werden können (vgl. Abb. 4.6). Der Kunde kommt in der Aware-Phase über SEA oder Social-Media-Werbung mit dem Unternehmen in Kontakt und wird auf die Social-Media-Kanäle des Unternehmens (Facebook & YouTube) weitergeleitet. Die Image- und Produktvideos führen dazu, dass er mehr über die Marke erfahren will und auf die Corporate Website des Unternehmens klickt. Dort überzeugen ihn die weiteren Informationen zum Produkt und er klickt auf den Onlineshop, um das Produkt zu kaufen.

In diesem Idealfall lässt sich die Customer Journey nahtlos nachvollziehen und der Erfolg von Kommunikationsmaßnahmen auf den digitalen Kanälen sehr gut messen.

Fall B: Indirekte Erfolgsmessung

Die in Fall A geschilderte Situation wird in vielen Fällen wohl eher die Ausnahme bleiben. In der Regel wird es zu Brüchen zwischen digitalen und physischen Touchpoints kommen, die das Unternehmen vor eine „Black Box" stellt.

So kann es sein, dass der Kunde in der Aware-Phase nicht mit Werbung auf digitalen Touchpoints in Berührung kommt, sondern über ein traditionelles Flugblatt vom Unternehmen erfährt (vgl. Abb. 4.7). Der nächste Schritt führt ihn auf eine Preisvergleichsseite und danach direkt in den Onlineshop des Unternehmens. Die „Black Box" könnte hier durch spezielle Gutscheincodes für die physischen Touchpoints umgangen werden. Der Kunde wird hier gebeten, beim Online-Kauf den Gutscheincode einzugeben. In diesem Fall kann nicht nur die Preisvergleichsseite als vorheriger Touchpoint ausgewertet werden, sondern auch

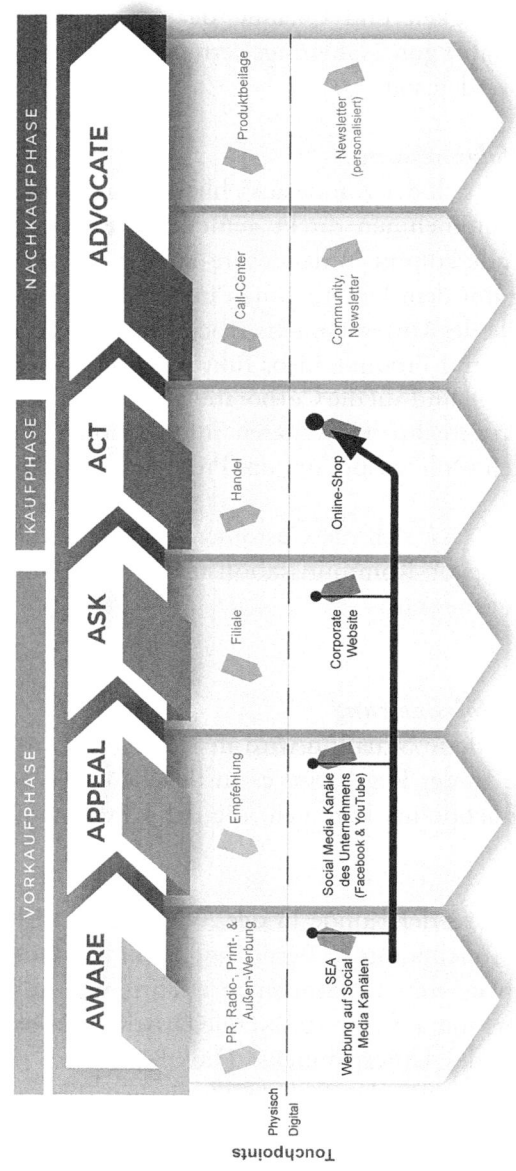

Abb. 4.6 Prinzip direkte Erfolgsmessung

4 Step 3: Erfolgsmessung und Optimierung 95

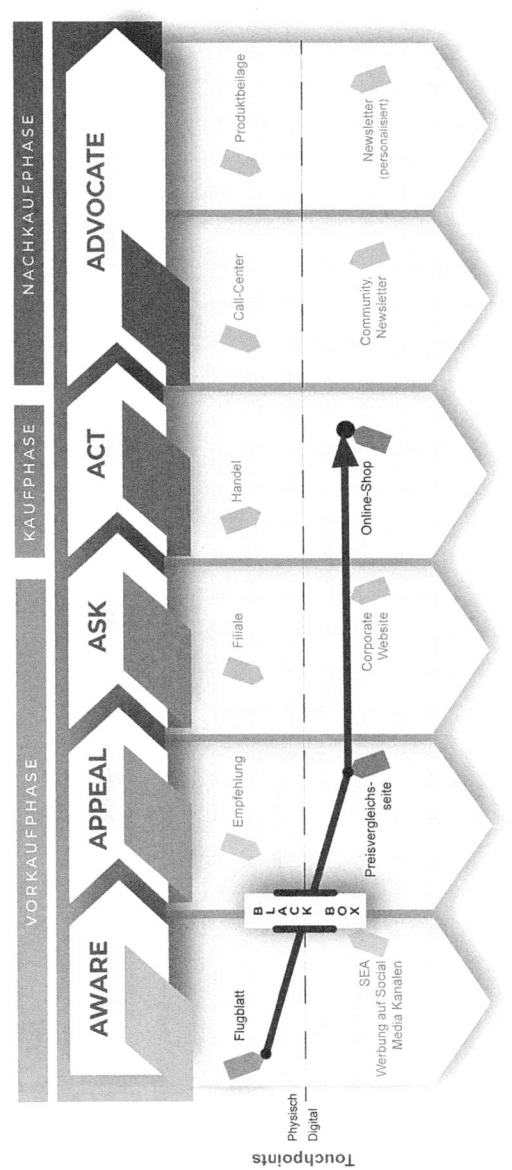

Abb. 4.7 Prinzip indirekte Erfolgsmessung

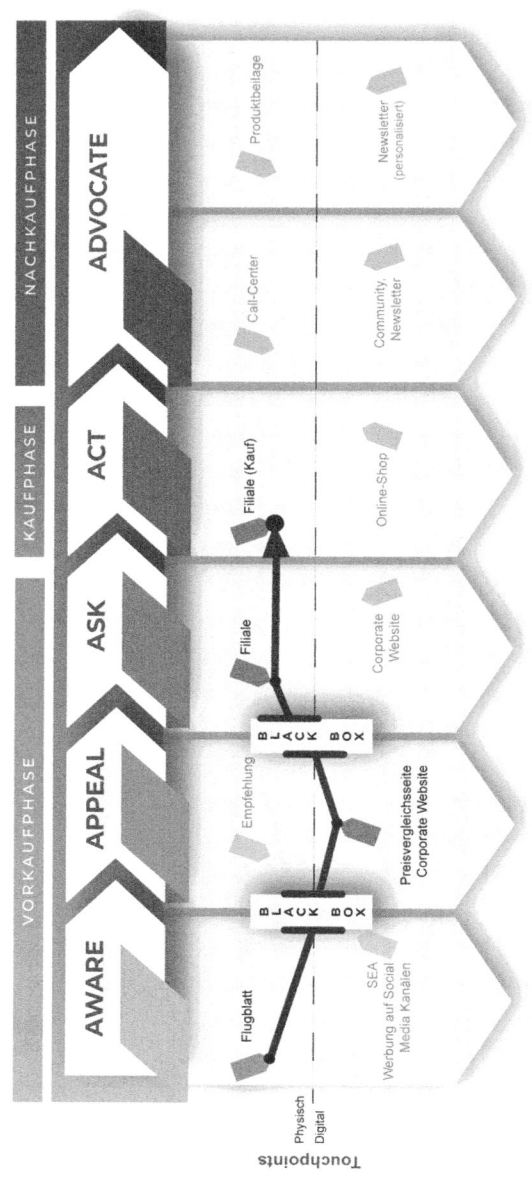

Abb. 4.8 Prinzip indirekte Erfolgsmessung mit mehreren Black Boxes

das vorgelagerte Flugblatt zugeordnet werden. Eine Alternative wäre es, Online-Käufer direkt nach Kaufabschluss zu fragen, wodurch diese erstmalig auf das Produkt aufmerksam gemacht wurden.

Für den Fall, dass der Kauf nicht in einem Onlineshop erfolgt (vgl. Abb. 4.8) bestehen in der Regel gleich mehrere „Black Boxes". Hier können Kundenbefragungen am POS helfen, die Informationslücken zu schließen. So kann beim Bezahlvorgang an der Kasse die Frage gestellt werden, wodurch der Käufer initial auf das Produkt aufmerksam geworden ist oder ob bestimmte Touchpoints (z. B. Preisvergleichsseiten) besucht worden sind. Voraussetzung ist hier ein gutes Verständnis über

- die vom Kunden während der Customer Journey genutzten Touchpoints und
- die vom Unternehmen „bespielten" Touchpoints.

4.4.3 Erweiterung des DMR-Ansatzes im Rahmen des ökonometrischen Modellings

Der zuvor beschriebene DMR-Ansatz zur Erfolgsmessung entlang der Customer Journey ist unabhängig von Unternehmensgröße oder der Höhe des eingesetzten Werbebudgets anwendbar. In dem Ausmaß, in dem Maßnahmen in einzelnen Phasen der Customer Journey aber nicht direkt gemessen werden können, entstehen Unschärfen. Dies ist vor allem dann der Fall, wenn ein größerer Teil der Werbespendings auf klassische Kanäle (z. B. TV, Radio oder Print) entfallen.

In diesem Fall bietet es sich an, die Analyse entlang der einzelnen Phasen der Customer Journey mit einem ökonometrischen Modelling zu kombinieren. Hierbei handelt es sich um einen Sammelbegriff für statistische Verfahren, mit denen der Einfluss unabhängiger Variablen auf eine Zielvariable erklärt werden soll. Typischerweise kommt hier eine multiple Regressionsanalyse (Backhaus et al., 2021) zum Einsatz. Die Grundidee hinter dem ökonometrischen Modelling lässt sich wie folgt zusammenfassen:

- Unternehmen nutzen eine Vielzahl an Marketingmaßnahmen im Online- und Offline-Bereich (z. B. Werbung auf digitalen und klassi-

schen Kanälen, verkaufsfördernde Maßnahmen am POS usw.), die gemeinsam dazu beitragen, wirtschaftliche Ziele (z. B. Umsatz, ROI) zu erreichen.
- Der Beitrag, den einzelne Maßnahmen zur Zielerreichung leisten, kann durch weitere Einflussfaktoren (z. B. saisonale Schwankungen) im Zeitablauf variieren.
- Durch das ökonometrische Modelling (i. d. R. mit Hilfe einer multiplen Regressionsanalyse) kann nun ermittelt werden, wie stark der Einfluss einzelner Aktivitäten (d. h. unabhängige Variablen) auf die Zielvariable „Umsatz" (d. h. die abhängige Variable) hat.
- In der rückwirkenden Betrachtung lassen sich damit beispielsweise folgende Fragen beantworten:
  Wir stark wirken sich einzelne Faktoren (z. B. eine Preisaktion) auf den Umsatz aus?
  Wie lange hat die Wirkung werblicher Maßnahmen angehalten?
  Welchen Umsatzbeitrag haben die einzelnen Touchpoints erbracht und welcher ROI wurde mit jedem Touchpoint erzielt.
- Mit den erarbeiteten Modellen lassen sich aber auch Simulationen und Prognosen durchführen, um z. B.
  den Effekt einer Preisanpassung (z. B. Aktionen) oder von Veränderungen im Media-Mix einzuschätzen,
  erforderliche Budgets zum Erreichen bestimmter Absatzziele zu berechnen oder
  Prognosen für die Absatzentwicklung zu erstellen (Preuß, 2021).

Damit solche Analysen durchgeführt werden können, müssen im Unternehmen detaillierte Daten zu den Verkaufszahlen und werblichen Maßnahmen vorliegen. Damit sind sie in der Praxis eher größeren Unternehmen vorbehalten, die über ein entsprechend hohes Werbebudget verfügen und auf Daten mehrerer Jahre zurückgreifen können.

Ihr Transfer in die Praxis

- Werden Sie sich zu Beginn klar, welche Ziele Sie im Unternehmen haben und leiten Sie diese von oben bis unten ab (Oberziele bis Unterziele). Das heißt, Umsatz, EBITA o. ä. bis hin zu Likes, Pageviews usw. Denn im Digitalbereich neigt man meistens dazu, dass man bei Zielen mit Likes, User und Pageviews startet.
- Wenn Sie etwas mehr Ressourcen zur Verfügung haben, dann blicken Sie tiefer in die Customer-Journey-Phasen. Denn dort messen Sie die Zielerreichung in jeder Phase und können so die Kunden durch Marketingmaßnahmen von einer Phase in die andere bringen.
- Wenn Sie feingranulare Verkaufsdaten haben und ein hohes Werbebudget, dann kombinieren Sie die Digital Marketing Roadmap mit dem ökonometrischen Modell. Denn durch diese Kombination können Sie alle offline und online Aktivitäten ziemlich genau messbar machen und den Einsatz Ihres Marketingeuros optimieren.
- Sehen Sie sich Ihre Ziele genau an und wählen Sie aussagekräftige KPIs aus. Nicht die Quantität an KPIs ist wichtig, sondern nur diese, mit denen Sie relevante Ziele messen und optimieren.
- Stellen Sie sich Frage, mit welchen Tools Sie die KPIs messen wollen, denn die Zählweisen und Kosten können unterschiedlich sein. Meistens reichen aber Gratistools bzw. Tools, die sehr geringe monatliche Kosten hervorrufen.
- Setzen Sie einen kontinuierlichen Optimierungsprozess auf, wo Sie mit den relevanten Abteilungen in regelmäßigen Abständen die Zielerreichung überprüfen, analysieren und anschließend Optimierungsmaßnahmen ableiten.

Literatur

Backhaus, K., Erichson, B., Gensler, S., Weiber, R., & Weiber, T. (2021). Regressionsanalyse. In *Multivariate Analysemethoden*. Springer Gabler. https://doi.org/10.1007/978-3-658-32425-4_2.

die.agilen Blog. (2017). *OKR als Alternative zu MbO in KPI getriebenen Unternehmen – geht das überhaupt?* https://www.die-agilen.de/blog/okr-als-alternative-zu-mbo-in-kpi-getriebenen-unternehmen-geht-das-ueberhaupt. Zugegriffen am 02.08.2021.

Google. (2016). *Die Google Analytics 360 Suite.* https://www.thinkwithgoogle.com/intl/de-de/marketing-strategien/daten-und-messung/die-google-analytics-360-suite/. Zugegriffen am 02.08.2021.

Grewal, D., Bart, Y., Spann, M., & Zubcsek, P. (2016). Mobile advertising: A framework and research agenda. *Journal of Interactive Marketing, 34*(May), 3–14. https://doi.org/10.1016/j.intmar.2016.03.003.

Holzer, A., & Ondrus, J. (2012). Mobile app development: Native or web? In *Proceeding of the Workshop eBus* (WeB).

Intelliad. (o. J.). *Online Marketing Wiki, Stichwort: Audiences.* Online verfügbar unter: https://www.intelliad.de/online-marketing-wiki/audiences/. Zugegriffen am 22.12.2021.

Kreutzer, R. (2016). *Online-marketing.* Springer Gabler.

Preuß, A. (24. September 2021). *Die Modellierung digitaler Zielgrößen – Die Verbindung von Digital-Customer-Journey-Analysen und ökonometrischem Modelling, datanalyst.eu.* https://dataanalyst.eu/blog/die-modellierung-digitaler-zielgroessen-die-verbindung-von-digital-customer-journey-analysen-und-oekonometrischem-modelling/. Zugegriffen am 02.08.2021.

Stocchi, L., Pourazad, N., Nichaelidou, N., Tanusondjaja, A., & Harrigan, P. (2021). Marketing research on mobile apps: Past, present and future. *Journal of the Academy of Marketing Science.* https://doi.org/10.1007/s11747-021-00815-w.

5

Best Case: Dr. Oetker Österreich

Fallbeispiel Digital Marketing Roadmap von Dr. Oetker Österreich, im folgenden Dr. Oetker genannt

> **Was Sie aus diesem Kapitel mitnehmen**
>
> - Wie Dr. Oetker Österreich die Digital Marketing Roadmap in der Praxis aufgesetzt hat
> - Wie die Personas und die Baker Journey im FMCG Bereich aufgesetzt wurde
> - Wie sich Kommunikationsmaßnahmen und Content auf die Zielerreichung auswirken
> - Wie sich die Erfolgsmessung auf die Optimierung auswirkt

5.1 Einleitung

Dr. Oetker ist seit 1908 in Österreich aktiv und hat seine Erfolgsgeschichte mit Back- und Dessertprodukten begonnen. Im Laufe der Zeit wurde das Sortiment mit Tiefkühlpizzen, Müsli und weiteren Produkten im Lebensmittelbereich erweitert. Der Gründer Dr. August Oetker hat auf der Rückseite der Produkte Rezepte drucken lassen, die in weiterer Folge mit einer „Geling-Garantie" beworben wurden. Er war damit einer der ersten „Content Marketeers" seiner Zeit.

Dieses Fallbeispiel beschäftigt sich mit der Sparte Backen, in der sich Personas und Customer Journeys im Laufe der Jahre stark verändert haben. Wie die Zielgruppe vor rund 70 Jahren ausgesehen hat, wird durch den TV-Spot „Eine Frau hat 2 Lebensfragen" aus dem Jahr 1954 illustriert, der unter folgendem Link verfügbar ist (https://www.youtube.com/watch?v=pRHb4k9p7Ek).

Bereits in den 1930er-Jahren waren Werbung und Verbrauchernähe ein zentraler Aspekt bei Dr. Oetker. So wurden für die damalige Zeit innovative Touchpoints für die Kommunikation ausgewählt: Filmvorführungen in Kinos, Informationsmobile (Bus mit übergroßem Gugelhupfanhänger) und Vortragsveranstaltungen für Bäcker. Mit der Zeit ist Radiowerbung und später das Fernsehen hinzugekommen und in den letzten Jahren spielen digitale Touchpoints zunehmend eine größere Rolle.

An dieser kurzen Einführung zeigt sich, dass sich Zielgruppen und Kommunikationskanäle (Touchpoints) laufend verändern. Diesen Veränderungen müssen Unternehmen in ihrem Marketing Rechnung tragen.

5.2 Analyse und Ziele

5.2.1 Definition Personas

Die kurze Einführung hat gezeigt, wie stark sich Zielgruppen und Kommunikationskanäle im Zeitablauf verändern. Für Dr. Oetker ist es deshalb besonders wichtig sicherzustellen, dass eine wirklich konsumentenzentrierte Strategie entwickelt und implementiert wird. Hintergrund ist die Erkenntnis, dass erst ein gutes Verständnis der Wünsche, Bedürfnisse und Probleme der Konsumenten die Entwicklung von Produkten, Serviceleistungen und Content möglich macht.

Bevor aussagekräftige Personas erstellt werden konnten, mussten zunächst die unterschiedlichen Käufergruppen analysiert werden. Dies erfolgte durch eine Segmentierung der Haushalte basierend auf den GfK Consumer Panels. Die Abb. 5.1 (GfK „Paint a Picture"-Dimensionen) gibt einen Überblick über die Informationen, die über die Zielgruppen vorliegen. Der Vorteil für Dr. Oetker liegt hier in der Kombination von Demographischen Merkmalen, Einstellungen und Werten, Mediennutzungsverhalten und realem Kaufverhalten.

Da nicht für jede Zielgruppe eine Persona entwickelt werden kann, wurde im nächsten Schritt gemeinsam mit GfK eine repräsentative Befragung in der österreichischen Bevölkerung durchgeführt, bei der Einstellungen in fünf für das Backverhalten relevanten Dimensionen abgefragt wurden:

a. **Kochaffinität**; hier wurde erhoben, wie gerne die Probanden kochen und backen. Dazu wurde die Zustimmung zu Aussagen wie der folgenden erhoben: „Ich koche/backe gerne".

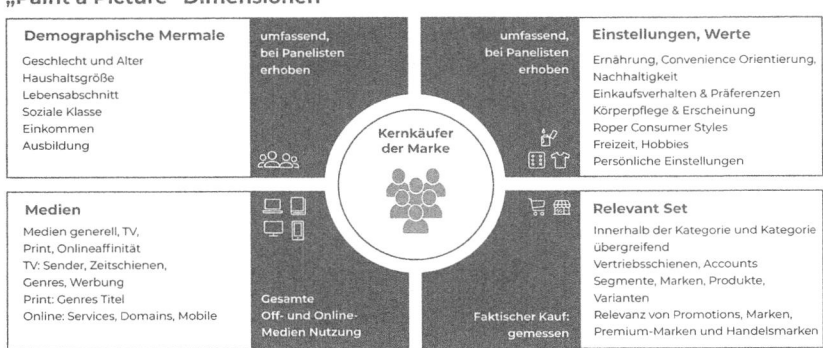

Abb. 5.1 Informationen zu den Zielgruppen (GfK „Paint a Picture"-Dimensionen)

b. **Anspruch**; hier wurde erhoben, welchen Anspruch die Probanden an Essen und Trinken stellen. Dazu wurde die Zustimmung zu Aussagen wie der folgenden erhoben: „Ich verwöhne mich gerne mit einem guten Essen".
c. **Out of Home (OOH)**; hier wurde erhoben, wie häufig die Probanden außer Haus essen.
d. **Convenience-Produkte**; hier wurde die Einstellung zu und Nutzungshäufigkeit von Convenience-Produkten (z. B. Tiefgekühltes, Konserven, Soßenpulver) erhoben.
e. **Gelingsicherheit**; hier wurde erhoben, wie offen die Probanden für ihnen unbekannte und neue Rezepte sind.

Auf Basis der Umfrageergebnisse wurden mittels einer Clusteranalyse (Backhaus et al., 2021) vier Gruppen identifiziert, die sich in einer Matrix anhand von zwei Dimensionen einordnen lassen:

1. **Buyer** (kaufen Kuchen überwiegend) vs. **Maker** (bereitet Kuchen überwiegend selbst zu)
2. **Satisfier** (ist mit „gut genug" zufrieden) vs. **Maximizer** (sucht immer nach der optimalen Lösung)

In jedem der sich so ergebenden vier Quadranten findet sich eine der identifizierten Gruppen (Cluster) wieder, für die wiederum – auf Basis der in der Befragung erhobenen Informationen und der durch die GfK Consumer Panels vorliegenden Daten – Personas beschrieben wurden.

Aufgrund der Kombination der Befragungsergebnisse mit den GfK Consumer Panel-Daten ist es für Dr. Oetker möglich, sehr detaillierte Steckbriefe der Personas zu erstellen und sogar festzustellen, welcher Umsatzanteil mit den einzelnen Personas – sie repräsentieren ja eine ganz bestimmte Kundengruppe – erzielt wird. Die Steckbriefe enthalten zu jeder Persona u. a. folgende Informationen:

- Sozio-demographische Merkmale (u. a. Geschlecht, Alter, Familienstand, Haushaltsgröße, Einkommen)
- Mediennutzungsverhalten und Touchpoints,

- Konsumrelevante Einstellungen,
- Einstellungen zum Backen

Ein weiterer wichtiger Schritt für die Erstellung des Digitalen Marketingkonzeptes ist es, die Customer Journey der Kunden besser zu verstehen. In der Praxis ist die Erstellung von Buyer Personas und Customer Journey kein linearer Prozess; beide Aufgaben hängen naturgemäß eng zusammen – Customer Journeys können immer nur für bestimmte Personas erstellt werden und andererseits gewinnt man bei der Erstellung einer Customer Journey Einblicke, die das Bild der Buyer Persona erst vervollständigen.

5.2.2 Analyse der Customer Journeys – die „Baker Journey"

Bei der Analyse der Customer Journey gewinnt das Unternehmen weiterführende Einblicke in Motive, Bedürfnisse und Pain Points der Kunden und lernt zu verstehen, wie sich Kunden über unterschiedliche Touchpoints durch die einzelnen Phasen ihres Kaufprozesses bewegen. Dazu wurde bei Dr. Oetker eine zweistufige Vorgehensweise gewählt.

In einem ersten Schritt wurden im Rahmen einer quantitativen Befragung 1000 Personen ausgewählt und gebeten, ihre Erfahrungen vor, während und nach dem Backen zu dokumentieren. Dadurch ergab sich ein klares Bild der realen Customer Journey, die bei Dr. Oetker als „Baker Journey" bezeichnet wird und aus den folgenden Phasen besteht:

- Vorbackphase; sie ist sehr umfangreich und besteht aus den Teilphasen Inspiration, Entscheidung, Planung und Kauf
- Backphase; sie beinhaltet die Zubereitung bzw. den eigentlichen Backvorgang
- Nachbackphase; sie bezieht sich sowohl auf den Verzehr des Backproduktes, als auch auf das Teilen über soziale Medien

Von besonderem Interesse für Dr. Oetker ist hier natürlich die Backphase und die Frage, welche Probleme auftreten. Dazu wurde in einem zweiten

Schritt eine qualitative Erhebung durchgeführt. Hier entschied man sich für eine Kombination aus Beobachtung und Interview mit 30 Personen. Diese wurden gebeten, in Anwesenheit des Interviewers einen Kuchen nach Rezept zu backen. Durch Beobachtung und anschließende Befragung entstand ein noch besseres Verständnis der Kundensicht. Motive, Bedürfnisse und Pain Points wurden so gesammelt und anschließend entlang der Customer Journey zu verwandten Themen gruppiert. Diese konnten dann in zweifacher Hinsicht genutzt werden: einerseits für die Entwicklung neuer Produkte und Lösungen, andererseits für die Entwicklung von relevantem Content, die den Kunden echten Mehrwert bieten.

Die Abb. 5.2 fasst die Phasen der Baker Journey und die zentralen Fragen und Pain Points der Bäcker zusammen.

5.2.3 Definition der Ziele

Wie bei anderen, sorgfältig planenden Unternehmen gibt es auch bei Dr. Oetker klare Zielvorgaben auf Unternehmens- und Sortimentsebene. Als Oberziele geht es z. B. um Umsatz, EBITA oder Marktanteile. Für das Marketing ergeben sich daraus relevante Unterziele wie z. B. die Steigerung von Kundenbindung oder die Käuferreichweitenerhöhung. Um diese Unterziele umzusetzen werden konkrete Teilziele definiert, z. B. die Gewinnung neuer User oder die Steigerung der Wiederkaufrate.

Für die konkrete Steuerung und Optimierung von (digitalen) Marketingaktivitäten müssen aber für jede Phase der Customer Journey konkrete Teilziele definiert werden. Für den Fall der „Baker Journey" stellen sie sich bei Dr. Oetker wie in Tab. 2.5 dar (Tab. 5.1).

In der **Inspirationsphase** geht es vor allem darum, Awareness für die Marke Dr. Oetker zu schaffen und den Kunden zur Rezeptsuche zu motivieren. Erreicht werden kann das z. B. mit Werbebotschaften in Sozialen Medien oder SEA-Maßnahmen. Hier ist es wichtig sicherzustellen, dass die (potenziellen) Bäcker mit der Werbebotschaft in Kontakt kommen (Key Result).

In der **Entscheidungsphase** wählt der Kunde das Rezept aus, das gebacken werden soll. Hier ist es ein ganz wichtiges Teilziel, den Kunden

5 Best Case: Dr. Oetker Österreich   107

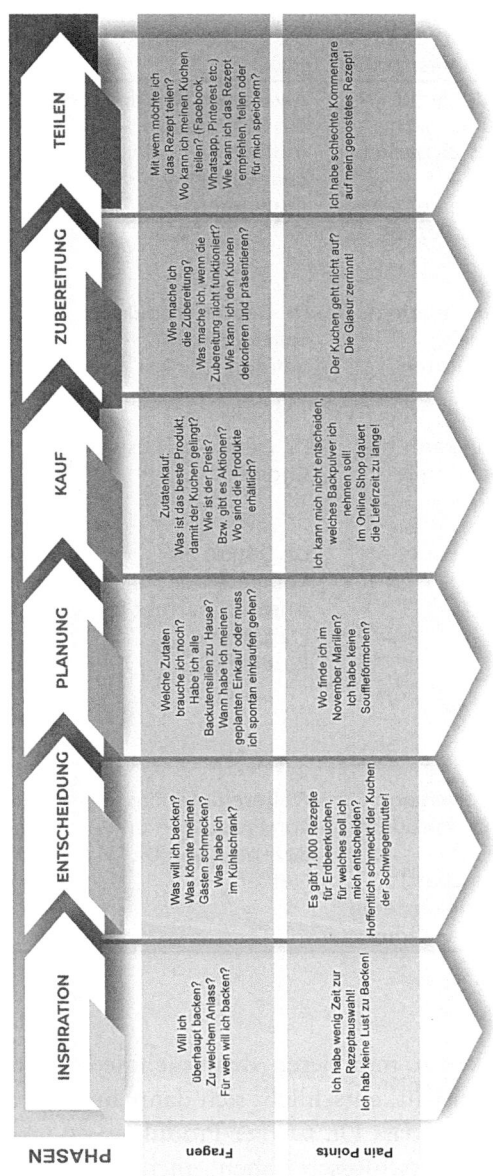

Abb. 5.2 Phasen der Baker Journey mit Fragen und Pain Points

Tab. 5.1 Definition von Teilzielen am Beispiel der Baker Journey

Phasen	Kundenperspektive	Teilziel	Angestrebtes Key Result
Inspiration	- Kunde denkt darüber nach, etwas zu backen	- Awareness schaffen - Zur Rezeptsuche motivieren	- Kontakt mit Werbebotschaft
Entscheidung	- Kunde entscheidet sich für ein Rezept	- Zum Backen motivieren	- Besuch der digitalen Touchpoints von Dr. Oetker (z. B. Website)
Planung	- Kunde überlegt, welche Backzutaten gekauft werden müssen	- Dr. Oetker Produkte sollen gewählt werden	- Zutaten in digitaler Einkaufsliste abspeichern
Kauf	- Kunde kauft die Backzutaten	- Dr. Oetker als First Choice	- Kauf im Onlineshop - Kauf im stationären LEH
Zubereitung	- Kunde backt	- Dr. Oetker als kompetenter Ansprechpartner bei Fragen und Problemen	- Kontaktaufnahme mit Dr. Oetker (indirekt: FAQs auf Website, How-to-Videos oder direkt: Konsumenten-Service-Hotline)
Teilen	- Kunde verzehrt das Backprodukt (alleine/in Gesellschaft) - Kunde postet in sozialen Medien	- Weiterempfehlungen von Produkten und Rezepten von Dr. Oetker	- Positive Rezensionen in den Sozialen Medien

Quelle: Verfasser

tatsächlich zum Backen zu motivieren, denn nicht jeder, der sich z. B. im Internet ein Rezept ansieht, entschließt sich dann auch tatsächlich dazu. Die Wahrscheinlichkeit, dass Dr. Oetker Produkte von jenen Personen, die sich zum Backen entschlossen haben, auch berücksichtigt werden steigt, wenn ein Rezept von Dr. Oetker verwendet wird. Deshalb ist ein wichtiges Key Result in der Entscheidungsphase, der Besuch dieser Personen auf einem der digitalen Touchpoints von Dr. Oetker (z. B. die Rezeptsuche auf oetker.at).

In der **Planungsphase** überlegt der Kunde, welche Zutaten benötigt werden und welche davon unter Umständen schon zuhause vorrätig sind. In dieser Phase ist es das Ziel, dass möglichst viele Dr. Oetker Produkte gewählt werden. Das dazugehörige Key Result wäre, dass Dr. Oetker Produkte auf der (digitalen) Einkaufsliste stehen. Verwendet der Kunde dazu eine Einkaufs-App, lässt sich dies in weiterer Folge direkt messen.

In der **Kaufphase** erwirbt der Kunde die nötigen Zutaten; hier muss berücksichtigt werden, dass sogar in den Fällen, in denen der Kunde eine (digitale) Einkaufsliste erstellt hat, im Geschäft andere Marken gekauft werden. Entsprechend wichtig ist hier die Präsentation der Produkte am Point-of-Sale (POS) und verkaufsfördernde Maßnahmen im stationären Lebensmitteleinzelhandel, um das Teilziel, die erste Wahl des Kunden zu sein, zu erreichen.

In der **Zubereitungsphase** können beim Kunden Fragen und Probleme auftreten. In diesen Fällen ist es wichtig, kompetente Hilfestellung und Unterstützung bei Fragen und Problemen anzubieten. Das dazugehörige Key Result wäre die direkte Kontaktaufnahme über die Konsumenten-Service-Hotline oder die Nutzung der FAQs und Erklärvideos auf der Unternehmenswebsite.

In der abschließenden Phase, in der das **Backergebnis geteilt** wird, ist das relevante Teilziel die Weiterempfehlung von Produkten und Rezepten von Dr. Oetker. Dies kann z. B. über entsprechende Postings und positive Rezensionen in den Sozialen Medien erfolgen.

Die hier genannten Teilziele und Key Results zeigen, was in der jeweiligen Phase der Customer Journey erreicht werden soll. Die Key Results geben bereits klare Hinweise darauf, welche Touchpoints dabei eine besonders große Rolle spielen und welche KPIs zur Erfolgsmessung geeignet sind.

5.3 Konzeptentwicklung

5.3.1 Definition Kommunikationsmaßnahmen und Content

Bei der Entwicklung von Kommunikationsmaßnahmen und Content kann auf die Ergebnisse der Analysen bei der Erstellung der Buyer Personas und deren Customer Journey zurückgegriffen werden. Besonders wichtig sind hier die Pain Points, die in jeder Phase der Customer Journey identifiziert wurden.

Ein Pain Point, der sich in den letzten 130 Jahren praktisch nicht verändert hat, ist das Misslingen eines Kuchens. Natürlich haben sich aber die Gründe dafür geändert und deshalb ist das Verständnis, warum ein Pain Point besteht, so wichtig. Ende der 1890er-Jahre lag der Grund häufig in der Dosierung des Backpulvers, das in Apotheken verkauft wurde. Wenn zu viel verwendet wurde, ging der Kuchen zu stark auf, bei zu wenig Backpulver blieb er sitzen. Dr. August Oetker verpackte die für einen Pfund Mehl notwendige Menge Backpulver in ein Papierpäckchen und trug so dazu bei, dass der Kuchen gelang. Dazu gab es auf der Rückseite des Päckchens beliebte Rezepte mit der „Geling-Garantie" und der „Pain Point" war somit gelöst.

Heute gibt es andere Probleme, z. B. das Fehlen bestimmter Backutensilien in Küchen von Personen, die seltener backen oder wenn bestimmte Aufgaben – wie etwa das Trennen von Eigelb und Eiklar – Schwierigkeiten bereiten. Daraus ergeben sich vielfältige Möglichkeiten für nützlichen Content, die in unterschiedlichen Phasen der Customer Journey zum Einsatz kommen können.

Zu den beliebtesten Inhalten zählen bei Dr. Oetker **Rezepte**. Sie können als Text (Zubereitungsanleitung, Zutatenliste), Bild (Rezeptfotos) und Videos (Schritt-für-Schritt-Anleitungen) präsentiert werden. Sie können sowohl in der Vorbackphase (Inspiration, Entscheidung und Planung), als auch der Kaufphase und Backphase zum Einsatz kommen. Die Beschäftigung mit den Personas hat dabei deutliche Unterschiede zwischen den einzelnen Kundengruppen gezeigt. Personen mit wenig Erfahrung bevorzugen Schritt-für-Schritt-Anleitungen, gerne auch in Form von Videos. Versierte Bäcker verwenden hingegen eher klassisch aufbereitete Rezepte (d. h. in Textform). Eine wichtige Content-Kategorie sind auch **Tipps & Tricks**, die z. B. über die FAQs auf der Website oder über Videos präsentiert werden und hauptsächlich in der Backphase zum Einsatz kommen. Wenn diese zur Lösung eines Problems nicht ausreichen, dann haben Kunden auch die Möglichkeit eines persönlichen Telefonats mit dem **Dr. Oetker Konditormeister**. Auch diese Probleme und Lösungen werden anschließend zu Content „umgewandelt" und auf der Website und anderen Touchpoints zur Verfügung gestellt. Neben diesem informativen Content gibt es aber auch **emotionalen, unterhaltenden Content** wie z. B. Foto-Wettbewerbe mit Votings oder den Adventskalender rund um das Thema Backen.

5.3.2 Planung der Touchpoints

Die Auswahl der Touchpoints baut auf den Ergebnissen der Analyse der Customer Journey auf, in der die in den einzelnen Phasen genutzten Touchpoints erhoben wurden. Als Unternehmen stellt sich Dr. Oetker mehrmals im Jahr die Frage, welche Touchpoints für Kunden aktuell in jeder einzelnen Phase der Customer Journey relevant sind. Hätte man – so wie in den letzten 100 Jahren – nur auf das gedruckte Backbuch gesetzt, könnte man heute nur noch eine kleine Anzahl von Personen erreichen. Der Großteil der Kunden – und hier vor allem jüngere Personen – suchen Rezepte in den digitalen Medien, da sie dort sofort, kostenlos und in einer großen Auswahl erhältlich sind. Aus diesem Grund ist es für Dr. Oetker wichtig, auf allen relevanten Touchpoints präsent zu sein und Kunden auf ihrer Baker Journey zu begleiten und zu unterstützen.

Die folgenden Ausführungen orientieren sich am typischen Ablauf einer Baker Journey und zeigen, welche Touchpoints in welcher Phase zum Einsatz kommen:

In der Awareness-Phase waren in der Vergangenheit vor allem klassische Kanäle die bevorzugten Touchpoints für die Bewerbung rund um das Thema Backen. Obwohl klassische Kanäle (z. B. TV, Magazine, Zeitungen, Backbuch) nach wie vor ihre Bedeutung haben, hat Dr. Oetker auf das veränderte Mediennutzungsverhalten der Zielgruppe reagiert. So können etwa jüngere Zielgruppen über lineares TV – d. h. Fernsehprogramme, die nur zu festen Sendezeitpunkten konsumiert werden können – zunehmend weniger erreicht werden. Sie bevorzugen nicht lineare Angebote von Anbietern wie Netflix, Amazon Prime, YouTube oder Video-on-Demand (VoD) auf den Streaming-Plattformen der klassischen TV-Sender. So gaben in einer für Österreich repräsentativen Umfrage rund 54 % der Befragten an, ein mit dem Internet verbundenes TV-Gerät zu nutzen (RTR, 2021). Diese Zielgruppe erreicht man werblich sehr gut über Online-Videospots auf YouTube, Facebook und den Video-on-Demand-Plattformen der klassischen Medien.

Wenn sich Bäcker heute von Backrezepten inspirieren lassen wollen, dann wird häufig kein Backbuch oder Magazin mehr verwendet, sondern eine große Anzahl surft am Abend vor dem Einschlafen auf Pinterest, da es dort unzählige Rezeptkategorien mit tollen Backfotos gibt. Mit Fingerscrollen kann man sich so hunderte Rezeptfotos in kurzer Zeit ansehen und urteilen, welches Rezept am besten gefällt. Ein Backbuch oder Magazin wäre hier in der Handhabung mühsamer bzw. hat dieses außerdem eine geringere Auswahl an Rezepten.

Wenn nun ein ansprechendes Rezeptfoto gefunden und damit die Lust am Backen geweckt wurde, ist Google der wichtigste Touchpoint, den Bäcker aufsuchen, um konkrete Rezepte zu finden. Deshalb ist es für Dr. Oetker wichtig, auf Google bei allen relevanten Backrezepten an oberster Stelle zu stehen. SEO und SEA spielen hier ebenso eine wesentliche Rolle, wie die eigene Webseite als zentraler Touchpoint für Rezepte. Aber auch die Rezepte-App oder das Alexa-Skill mit Voice-Steuerung wird hier sehr gerne genutzt. Wenn nun ein Rezept auf oetker.at gefunden wurde, wird meistens die Zutatenliste ausgedruckt, am Smartphone ein Screenshot gemacht, die Zutaten werden herausgeschrieben oder in eine Einkaufs-App gespeichert.

Der nächste Touchpoint ist für Dr. Oetker der Supermarkt, wo klassische Überlegungen zur Platzierung der Produkte am Point-of-Sale im Vordergrund stehen. Derzeit wird noch ein geringer Teil der Produkte online auf shop.oetker.at oder in Onlineshops des klassischen Lebensmitteleinzelhandels gekauft.

Nach dem Kauf und beim Backprozess ist Hilfe beim Backen wichtig, um die Bäcker bei eventuellen Problemen zu unterstützen. Hier sind

Google, die Webseite mit Tipps & Tricks oder die Rezepte-Hotline per Telefon, Email oder Chat die wichtigsten Touchpoints. Wenn der Kuchen fertig ist, können die stolzen Bäcker ihr Werk über die Social-Media-Kanäle oder Foto-Wettbewerbe auf oetker.at teilen.

5.4 Erfolgsmessung und Optimierung

Die Erfolgsmessung orientiert sich an den Zielen und angestrebten Key Results, die in der jeweiligen Phase der Customer Journey gesetzt wurden. Dabei wird der Erfolg der einzelnen Maßnahmen auf jedem Touchpoint betrachtet, für den eigene KPIs definiert werden.

Inspirationsphase: Awareness schaffen und zur Rezeptsuche motivieren
In dieser ersten Phase der Customer Journey können Konsumenten entweder noch gar nicht an das Thema Backen denken, oder aber bereits die Absicht haben, etwas zu backen. In beiden Fällen geht es für Dr. Oetker darum, Awareness für die Marke zu schaffen und zur Rezeptsuche zu motivieren.

In der Vergangenheit waren die Rezeptquellen die Dr. Oetker Backbücher, Rezeptsammlungen aus Zeitungen oder Empfehlungen von Mutter und Großmutter. Heutzutage ist „Digital" die erste Rezeptquelle und Google die Rezeptsuchmaschine Nummer 1. Diesen Trend hat Dr. Oetker schon früh erkannt und 1998 eine Rezeptwebseite erstellt, die im Laufe der Zeit mit weiteren relevanten digitalen Touchpoints wie Apps, Newsletter bis hin zu Amazons „Alexa" verknüpft wurde.

Die Rezeptsuche sollte idealerweise auf oetker.at erfolgen, dementsprechend spielt in der Inspirationsphase Werbung eine große Rolle. Das **Key Result**, das hier erreicht werden soll, ist der **Kontakt der Zielgruppe mit der Werbebotschaft**. Je nach Touchpoint, über die eine Werbebotschaft ausgespielt wird, variieren hier auch die zur Messung verwendeten KPIs.

Für die Planung von Kampagnen in klassischen Medien werden klassische KPIs wie z. B. die Bruttoreichweite (Werbekontakte mit Kunden) und Nettoreichweite (Anzahl erreichter einzelner Kunden) herangezogen. Um Kunden auf oetker.at zu bringen, spielen naturgemäß werbliche Maßnahmen im digitalen Bereich eine sehr große Rolle. Bei der Google-Rezeptsuche zählen die Klicks auf die organischen und bezahlten Keyword- oder Displayanzeigen und im Nachgang die „Absprungrate" und die „Durchschnittliche Betrachtungsdauer der Seite" als zuverlässige KPIs. Meist wird ein Kuchen aber nicht gleich nach der Rezeptsuche gebacken, da oftmals nicht alle Zutaten vorrätig sind. Daher ist es wichtig, dass man die Kunden wiederholt zum Backen motiviert.

Für Werbekampagnen im Digitalbereich verwendet Dr. Oetker als KPIs hier u. a. die Nettoreichweite einer Kampagne, die OTS (Opportunity to see) und die Visibility-Messung. Bei der OTS kann durch technische Einstellungen am Adserver festgelegt werden, dass Webseiten-Besucher ein Werbemittel z. B. nur maximal 3x pro Kampagne und Woche sehen. Damit kann das Werbebudget effizienter eingesetzt werden, denn auch im Online-Bereich gelten Überlegungen zum Grenznutzen und der optimalen Kontakthäufigkeit. Mit der Visibility-Messung wird die technische Betrachtungsdauer des Werbemittels gemessen. Hier wird in der Werbebranche gerne der 50:1-Standard genutzt. Das bedeutet, dass man als Werbetreibender eine Garantie erhält, dass das Werbemittel mindestens zu 50 % für mindestens 1 Sekunde sichtbar ist. Es werden nur jene Werbeeinblendungen bezahlt, die diese Bedingungen erfüllen. Höhere und damit wirksamere Standards (z. B. 100 % Sichtbarkeitsgarantie mit mindestens drei Sekunden Betrachtungsdauer) sind mit den Publishern zu verhandeln und können den TKP (Tausenderkontaktpreis) erhöhen.

Entscheidungsphase: Zum Backen motivieren
Nicht jeder, der ein Rezept gesehen hat, entscheidet sich letztendlich auch zum Backen. Deshalb ist es ein wichtiges Teilziel, die Bäcker auch tatsächlich zum Backen mit einem Dr. Oetker Rezept zu motivieren. Die Wahrscheinlichkeit, dass Produkte von Dr. Oetker gekauft werden, steigt natürlich, wenn ein Dr. Oetker Rezept verwendet wird. So gaben in einer repräsentativen Umfrage rund 90 % der User an, für Dr. Oetker Rezepte auch Dr. Oetker Produkte zu verwenden.

Deshalb ist das angestrebte **Key Result**, den Kunden zum Besuch der digitalen Touchpoints von Dr. Oetker – und hier vor allem der Website mit den Rezepten – zu bewegen. Dies wird auch durch das Key Result der Inspirationsphase – den Kontakt mit den Werbebotschaften sicherzustellen – unterstützt.

Ob und wie gut das Key Result „Besuch der digitalen Touchpoints" erreicht wurde, lässt sich mit Standardkennzahlen zur Beurteilung von Webseiten wie z. B. Visits (Bruttoreichweite), Unique User (Nettoreichweite) und Kennzahlen zu den einzelnen Rezeptseiten (Häufigkeit und Dauer der Aufrufe, Absprungraten oder Downloads) sehr genau messen. Dr. Oetker hat sich dabei zudem die Frage gestellt, ob Besucher der Dr. Oetker Rezepte auf den digitalen Touchpoints die Rezepte auch wirklich backen. Aus diesem Grund wurde die „Conversion to bake" als KPI eingeführt, bei der über eine Kombination von Faktoren aus dem Konsumentenverhalten auf der Webseite prognostiziert wird, ob ein User auch tatsächlich backt.

Planungsphase: Dr. Oetker Produkte sollen gewählt werden
Wenn User nun bei Ihrer letzten Customer Journey schon Rezepte über Google oder oetker.at gesucht haben, dann kommen sie meistens ohne Unterstützung oder aufgrund von Retargeting-Maßnahmen zu dem ausgesuchten Rezept zurück, bevor sie Lebensmittel einkaufen. Dafür wird aus dem Rezept eine analoge oder digitale Einkaufsliste erstellt.

Unter eine digitale Einkaufsliste fällt für Dr. Oetker hier die Nutzung einer Einkaufslisten-App, die Erstellung eines Screenshots am Mobiltelefon, aber auch das Ausdrucken eines Rezeptes. All diese Maßnahmen lassen sich auf der Website überprüfen: bei jedem Rezept kann die Anzahl der Downloads oder Ausdrucke ausgewertet werden; werden Rezepte direkt aufgerufen (z. B. über einen gesetzten Bookmark) und nach wenigen Sekunden wieder verlassen, dann zeigten interne Marktforschungsprojekte, dass hier Screenshots angefertigt werden. Durch die Auswertung der entsprechenden Kennzahlen für Rezeptseiten (Anzahl Downloads, Anzahl Ausdrucke, Anzahl Direktaufrufe mit Besuchsdauer von unter 3 Sekunden) lässt sich messen, wie gut das **Key Result** „Speicherung der Zutaten in digitaler Einkaufsliste" erreicht wurde.

Kaufphase: Dr. Oetker als First-Choice
Mit der (digitalen) Einkaufsliste geht es dann in den meisten Fällen in den Lebensmitteleinzelhandel. Auch wenn sich Dr. Oetker Produkte auf der Einkaufsliste befinden, kann sich der Kunde am Point-of-Sale noch für ein anderes Produkt entscheiden. Kunden kaufen 2021 fast noch immer die Zutaten für einen Kuchen im klassischen Lebensmitteleinzelhandel und nicht digital ein. Daher sind dort auch klassische Aktivitäten wie Flugblätter, Produktverpackung, Preisaktionen, Zweitplatzierungen in schönen Displaykartons am Gang usw. gefragt.

Inwiefern das angestrebte **Key Result** „Kauf im LEH" erreicht wurde, kann über Nielsen-Daten auf Produkt- und Sortimentsebene exakt gemessen werden. Für den – mengenmäßig noch geringen – Anteil, der über Onlineshops verkauft wird, stehen die entsprechenden Online-Kennzahlen zur Verfügung.

Zubereitungsphase: Dr. Oetker als Ansprechpartner bei Fragen und Problemen
Die Backphase ist für viele die spannendste und gleichzeitig schönste Phase beim Backen, bei der aber auch Fragen und Probleme auftreten können. Um Enttäuschungen und Frustration zu vermeiden, will Dr. Oetker hier ein kompetenter Ansprechpartner für seine Kunden sein. Das angestrebte **Key Result** ist die Kontaktaufnahme von Kunden mit Dr. Oetker. Dazu stehen den Kunden mehrere Möglichkeiten zur Verfügung:

Über die Rezepthotline ist der Dr. Oetker Konditormeister und das Dr. Oetker Team wochentags persönlich und kostenlos per Telefon, Chat oder Email erreichbar. Die dazugehörigen KPIs, mit denen gemessen wird, wie gut das Teilziel erreicht wird, sind die Anzahl der direkten Kontaktaufnahmen durch Kunden (Anzahl der Anrufe, Emails, Chats oder ausgefüllte Kontaktformulare). Daneben greifen Kunden gerne auch auf die Tipps & Tricks auf der Website zurück, deren Nutzung sich über die Pageviews auf oetker.at sehr gut messen lässt.

Phase des Teilens: Weiterempfehlungen erzielen
Wenn der Kuchen fertig ist, bzw. gerade gegessen wird, sind Bäcker zumeist stolz auf ihr Produkt und teilen dieses über Social Media an Freunde und Bekannte. Die Weiterempfehlung von Produkten und Rezepten von Dr. Oetker ist daher ein wichtiges Teilziel in dieser letzten Phase der Customer Journey, ein wesentliches **Key Result** sind positive Rezensionen in den Sozialen Medien.

Aus diesem Grund ist Dr. Oetker auf allen relevanten Social-Media-Kanälen vertreten. Als KPIs werden in dieser Phase Weiterempfehlungen, Ratings, Likes und Kommentare herangezogen.

Die Customer Journey ist damit natürlich nicht beendet – „nach dem Backen ist vor dem Backen". Wenn das Rezept funktioniert und das Backwerk gut geschmeckt hat ist die Wahrscheinlichkeit hoch, dass die Kunden beim nächsten Mal wieder zu Dr. Oetker Rezepten und Produkten greift. **Kundenbindung** ist daher ein wichtiges, alle Phasen der Customer Journey überspannendes Ziel. Dazu werden verschiedenste Maßnahmen eingesetzt – von Newsletter über Social-Media-Aktivitäten bis hin zu Retargeting-Maßnahmen, um Bäcker regelmäßig und aktiv über aktuelle und saisonale Produkte zu informieren. Damit sollen Sie wieder zum Backen inspiriert und für Dr. Oetker Rezepte und Produkte begeistert werden. Relevante KPIs sind hierbei u. a. die Wiederkehrrate, Käuferreichweite und Wiederkaufsrate.

5.5 Einsatz des ökonometrischen Modellings

Die beschriebenen Analysen der Customer Journey in ihren einzelnen Phasen erlaubt es Dr. Oetker, die einzelnen Marketingmaßnahmen laufend zu optimieren. Aufgrund vieler Medienbrüche zwischen Online- und Offline-Touchpoints ist eine durchgängige direkte Messung naturgemäß nicht möglich. Hier hilft man sich einerseits mit indirekten Messmethoden (Kap. 4) aus, andererseits wird auch auf das ökonometrische Modelling gesetzt. Dadurch wird es möglich, Aussagen darüber zu treffen, wie stark die Zielvariable (z. B. der ROI) durch ver-

Einflüsse, Datenmodell und Anwendungsmöglichkeiten.

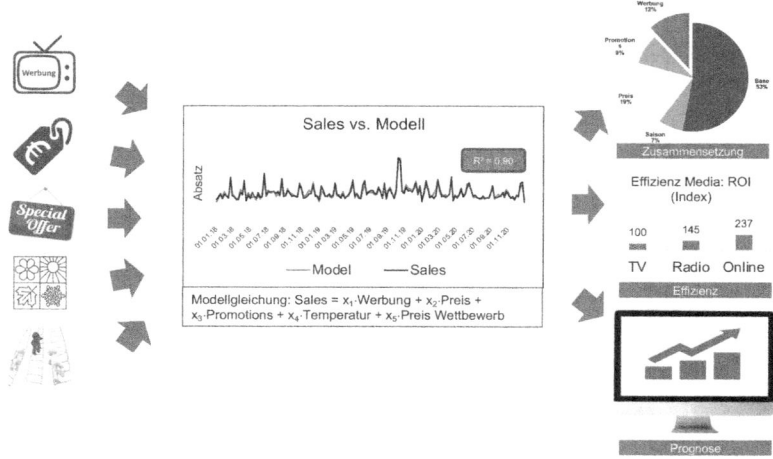

Abb. 5.3 Ökonometrisches Modell

schiedene werbliche Maßnahmen beeinflusst wird. Ursprünglich wurde dieses Verfahren zur klassischen Mediaeffizienzsteigerung (d. h. Paid Media) eingesetzt. So wurde errechnet, mit welchem Touchpoint (z. B. TV, Print usw.) und welchem Werbemittel der höchste ROI auf den eingesetzten „Marketing-Euro" erzielt wird. (Preuß, 2021) (Abb. 5.3)

Paid-Media-Touchpoints zeichnen im Modelling jedoch nur ein eingeschränktes Bild der Customer Journey Touchpoints. Daher hat sich Dr. Oetker die Frage gestellt, welchen Anteil die digitalen Owned-, Managed- und Earned-Media-Touchpoints (oetker.at, Facebook, Instagram etc.) am Umsatz und ROI haben. Aus diesem Grund wurde das ROI-Modelling-Modell um Owned- und Earned-Media-Touchpoints erweitert. Hier zeigte sich, dass speziell die Rezeptseiten auf oetker.at (Owned Media) einen großen Beitrag zu Umsatz und ROI im Backen-Sortiment beitragen.

Die Touchpoints dürfen beim ökonometrischen Modell nicht isoliert betrachtet werden, da Grenzen bei Reichweiten und Abhängigkeiten zwischen den Touchpoints bestehen. Es muss daher eine ideale Kombination aller Touchpoints zum Erreichen des höchsten Gesamt-ROI gefunden werden.

Ihr Transfer in die Praxis

- Die Durchführung der Analyse und Festlegung der Ziele ist bei traditionellen Unternehmen mit stationärem und digitalem Verkauf von Produkten nicht immer einfach. Denn es gibt hier immer wieder „Black Boxes" zwischen online und offline Aktivitäten. Daher ist es umso wichtiger, dass man die Digital Marketing Roadmap Analyse ganzheitlich durchführt und die Ziele anhand der Customer Journey Phasen direkt/indirekt messbar festlegt.
- Wenn Sie anschließend in die Konzeptentwicklung gehen, dann sehen Sie sich die Bedürfnisse und Pain Points Ihrer Personas in den Customer Journey Phasen nochmals genau an. Denn aufgrund dieser Bedürfnisse und Pain Points in jeder Phase können Sie zielgenaue Maßnahmen ableiten. Wählen Sie dann die für Ihre Personas relevanten Touchpoints, optimal nach Priorität gereiht, aus. Denn meistens ist das Marketingbudget begrenzt und nicht alle Touchpoints, auch wenn sie gerade in den Medien gehyped werden, sind zur Zielerreichung für Ihre Personas dienlich.
- Im Fallbeispiel waren zu Beginn die Zusammenhänge von Ober- und Unterzielen nicht immer rund. Auch die Messbarkeit von Käufen in klassischen Supermärkten und im Zusammenhang mit digitalen Marketingaktivitäten war nicht immer möglich. Deshalb versuchen Sie alles, was messbar ist, messbar zu machen. Nicht direkt messbare Aktivitäten sollten indirekt gemessen werden, welche Sie jedoch bewusst interpretieren sollten. Wenn dies aufgesetzt wurde, dann machen Sie wiederkehrende Termine (wöchentlich/monatlich usw.) mit den jeweiligen Abteilungen und leiten Sie Optimierungsmaßnahmen ein, die beim nächsten Termin wieder analysiert und verbessert werden. Somit ist die Digital Marketing Roadmap kein einmaliges Projekt, die nur einmal durchgeführt wurde, sondern ein sich stetig weiterentwickelnder Prozess zur Zieloptimierung.

Literatur

Backhaus, K., Erichson, B., Gensler, S., Weiber, R., & Weiber, T. (2021). Clusteranalyse. In *Multivariate Analysemethoden*. Springer Gabler. https://doi.org/10.1007/978-3-658-32425-4_2.

Preuß, A. (2021). *Die Modellierung digitaler Zielgrößen – Die Verbindung von Digital-Customer-Journey-Analysen und ökonometrischem Modelling, datanalyst.eu* (24. September 2021). https://dataanalyst.eu/blog/die-modellierung-digitaler-zielgroessen-die-verbindung-von-digital-customer-journey-analysen-und-oekonometrischem-modelling/. Zugegriffen am 02.08.2021.

RTR. (2021). *Studie Bewegtbildnutzung im Tagesverlauf 2021*. RTR Medien und Arbeitsgemeinschaft Teletest. https://www.rtr.at/medien/aktuelles/publikationen/Publikationen/Bewegtbildstudie_2021.pdf. Zugegriffen am 10.01.2022.

The manufacturer's authorised representative in the EU is Springer Nature Customer Service Centre GmbH, Europaplatz 3, 69115 Heidelberg, Germany. If you have any concerns regarding our products, please contact ProductSafety@springernature.com

Printed and bound by CPI Group (UK) Ltd, Croydon, CR0 4YY
23/03/2026
02076465-0006